KB204386

삶이 복음이다

삶이 복음이다

지은이: 이채영
펴낸이: 원성삼
펴낸곳: 예영커뮤니케이션
책임편집: 김지혜
본문 삽화: 김혜정
초판 1쇄 발행: 2014년 8월 28일
초판 2쇄 발행: 2014년 12월 24일

출판신고 1992년 3월 1일 제2-1349호
136-825 서울시 성북구 성북로6가길 31
Tel (02)766-8931 Fax (02)766-8934

ISBN 978-89-8350-899-7(03230)

저자와 출판사의 허락 없이 내용의 일부를
인용하거나 발췌하는 것을 금합니다.
저자와의 협의에 따라 인지는 붙이지 않습니다.

잘못 만들어진 책은 구입처에서 교환해 드립니다.

정가 11,000원

www.jeyoung.com
이 도서의 국립중앙도서관 출판예정도서목록(CIP)은 서지정보유통지원시스템 홈페이지
(http://seoji.nl.go.kr)와 국가자료공동목록시스템(http://www.nl.go.kr/kolisnet)에서 이용
하실 수 있습니다.(CIP제어번호: CIP2014024040)

모든 인간은 하나님의 형상을 닮은 존엄한 존재입니다. 전 세계의 모
든 사람들은 인종, 민족, 피부색, 문화, 언어에 관계없이 존귀합니다.
예영커뮤니케이션은 이러한 정신에 근거해 모든 인간이 존귀한 삶을 사는 데
필요한 지식과 문화를 예수 그리스도의 사랑으로 보급함으로써 우리가 속한 사
회에 기여하고자 합니다.

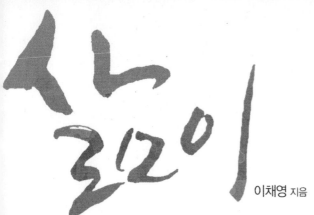

삶이

이채영 지음

이 책은 날마다, 순간마다 삶과 죽음의 경계선에 선 환자들을 위해 사투를 벌여야 하는 외과 의사이자 다섯 아이의 아버지이기도 한 선교사의 하나님 나라를 향한 순례의 여정을 보여 주고 있다. 그는 선교사로 방글라데시에 가려고 준비를 마쳤고 통합 사역 훈련까지 마쳤지만 자신의 계획을 내려놓아야 하는 아픔과 좌절도 맛보았다. 그러나 그 어려움을 이기고 오히려 삶의 현장이 곧 선교지이며 삶의 모든 영역에 하나님의 나라가 임해야 함을 보여 주기 위해 애쓰는 모습을 통해 많은 사람에게 도전을 주고 있다.

복음이다.

추천의 글

김동화|GBT/GMF

이채영 형제는 삶의 현장과 신앙의 통합을 위해 선교사적인 삶을 살아
가려고 애쓰는 신앙의 동지이다. 그와 나는 우리가 갖고 있는 신앙이
서구의 계몽주의 이후의 세속화의 산물인 이원론적 세계관에 깊이 물
들어 있음을 깨닫고, 성경적이며 통합적인 세계관을 찾아가는 여정에
서 만났다. 세상을 성聖과 속俗, 영靈과 육肉으로 나누고, 신앙을 성聖과
영靈의 영역에 머무르게 한 이원론적 세계관은 오늘날의 한국 교회가
보여 주는 기복祈福적이고 세속화된 모습과 무관하지 않다. 그리고 산업
화가 가져다준 개인주의, 세계화가 가져다준 무한경쟁 속에서 오늘날
의 교회는 거의 속수무책으로 무너져 가는 것처럼 보인다. 이러한 상

황에서 통합적 세계관과 성경적 공동체 대안 사회, 즉 보내심을 받은 missional 성육신적 교회의 본질 회복이 우리가 함께 꿈꾸는 것이다.

이 책은 날마다, 순간마다 삶과 죽음의 경계선에 선 환자들을 위해 사투를 벌여야 하는 외과 의사이자 다섯 아이의 아버지이기도 한 이 선교사의 하나님 나라를 향한 순례의 여정을 보여 주고 있다. 그는 선교사로 방글라데시에 가려고 준비를 마쳤고 통합 사역 훈련까지 마쳤지만, 자신의 계획을 내려놓아야 하는 아픔과 좌절도 맛보았다. 그러나 그 어려움을 이기고, 오히려 삶의 현장이 곧 선교지이며 삶의 모든 영역에 하나님의 나라가 임해야 함을 보여 주기 위해 애쓰는 모습은 많은 사람에게 도전을 주고 있다.

우리의 주변 상황은 더욱 각박해졌고 기독교는 점점 주변부로 밀려나고 있다. 서구 사회에서 기독교는 이미 공적인 영역에서는 별 영향력을 발휘하지 못하고 있고, 지극히 사적인 영역으로 밀려났으며, 그리스도인은 소수자로 살아가게 되었다. 이러한 시대 상황은 기독교가 공인되기 전 3세기 상황과 비슷해졌다. 오랫동안 누린 특권을 잃어버린 기독교는 이제 본래의 모습을 되찾을 기회를 얻게 된 것이다.

이 선교사의 삶이 이러한 시대 상황에서 복음과 그리스도인, 교회 공동체의 참 모습을 분명히 보여 주는 것으로, 끊임없는 변화는 함께 순례의 길을 가는 동역자들에게 큰 격려가 될 것이다.

추천의 글

이유환 목사 열린비전교회

이 책은 먼저 '나는 어떤 존재인가'에 대해 다루고 있다. 세상의 상대적인 비교를 통해 가치를 평가받는 존재가 아니라, 하나님 앞에서 절대적인 가치를 지닌 유일한 존재인 '하나님의 자녀'라는 사실을 말하고 있다. 즉 모든 것의 핵심은 '하나님과의 관계'에 있으며, 창조는 하나님과의 관계의 시작이고, 죄는 그 관계의 단절이며, 구원救援은 그 관계의 회복으로서 영원한 완성을 향해 나아가는 과정임을 선명하게 보여 준다. 하나님이 주시는 최고의 복이자 최고의 성공은 하나님과의 깊은 관계, 즉 하나님과 친밀해지는 데에 있음을 강조한다.

그리고 저자는 교회와 세상의 이분법적 시각의 위험성을 제시하고 있는데 성직과 세속 직업, 성직자와 평신도, 신학과 세상 학문의 차별적 구분으로 나타나는 이른바 성속이원론의 오류를 잘 지적해 주고 있다. 특히 '세상'이라는 말은 교회 밖의 공간을 말하는 것이 아니라, 하나님보다 더 의지하고 사랑하는 세속주의적 가치를 의미하는 동시에 예수님의 제자들이 복음을 들고 사역해야 할 영역이라는 것을 명확히 알려 준다. 아울러 삶의 전 영역과 전 시간이 하나님을 경외하고 순종하는 것이라는 이른바 '생활신앙', '생활예배'의 진리를 잘 보여 주고 있다.

더 나아가 '선교'란 타문화권인 특정지역으로 나아가는 것만 의미하는 것이 아니라 '모든 곳에서 모든 곳으로From everywhere to everywhere' 나아가는 것이며, 우리가 사는 바로 이곳이 가장 시급한 선교지임을 강조한다.

아직 예수님을 믿지 않는 영혼들도 '하나님의 자녀'로 인정하고 있다는 점에서 특기할 만하다. 그들을 '비그리스도인'이 아니라 언젠가는 하나님 아버지의 품으로 돌아올 잠재적 그리스도인, 즉 '미그리스도인'으로 바라봄으로써 과거와 현재와 미래를 포괄하는 복음의 능력과 구원의 소망을 제시해 주고 있다. 선교는 이산가족의 상봉이라는 말과 일맥상통하는 개념 제시라 할 수 있다.

결국 저자는 다양한 전문성들을 포괄하여 삶의 모든 영역에 걸쳐 이루어지는 이른바 '통합 선교'라는 새로운 패러다임을 성경의 가르침에 비추어 강력하게 제시해 주고 있는데, 이는 하나님이 모든 선교의 주체시라는 '하나님의 선교^{Missio Dei}' 개념의 바탕 위에서 복음 전도와 사회적 책임을 포괄하는 '총체적인 선교'로 나아가게 해 주는 귀한 통찰이라 할 수 있다.

특히 최근에 많은 주목을 받고 있는 Business as Mission^{BAM}을 확장하여 Life as Mission^{LAM}, 즉 모든 삶의 현장이 선교지이고 모든 성도가 선교사라는 '생활 선교'의 개념으로 우리를 이끌어 주고 있다.

마지막으로는 저자는 참된 교회가 나아갈 방향을 제시해 주고 있다. 생명구조소로서의 본래의 기능을 상실한 채 사람들을 끌어모아 자기만족을 지향하는 폐쇄형 공동체^{울타리 공동체}를 벗어나서, 개방형 공동체 즉 흘러넘치는 사랑으로 생명을 살리는 열린 공동체^{우물 공동체}를 지향하는 것만이 살 길이라고 말하고 있다. 그런 의미에서 이 책은 참된 제자의 삶을 살기를 열망하는 모든 분들이 꼭 읽어야 할 책이다. 이 책을 열면 샘물이 흐른다.

프롤로그

처음 예수님을 믿기 시작할 즈음에 기독교를 믿으려면 제대로 믿든지 안 그럴 것이면 관두자고 마음에 굳게 다짐한 적이 있었습니다. 감사하게도 의대에 진학한 후, 우여곡절 끝에 가입하게 된 한 기독학생회 모임은 제 일생을 바꿔 놓을 만한 커다란 전기를 마련해 주었습니다. 무엇을 배운 것보다 좋은 그리스도인을 옆에서 온 몸으로 보고 느낄 수 있다는 것이 가장 큰 행복이었습니다.

어떻게 살아야 올바른 신앙인의 모습인가를 늘 고민하면서, 내가 주님께 드릴 수 있는 최고의 것은 선교사가 되는 일이라고 생각했습니다. 2005년 국제 선교단체의 선교사로 허입받기까지 선교사로 세워지기 위한 모든 절차를 밟아 갔습니다. 가정, 학교, 직장, 군대, 교회 등지에서 나는 선교사이며 곧 복음의 불모지에 나가서 사역을 할 것이라는 생각으로 삶을 단련하고 훈련을 받았습니다.

2008년 방글라데시에 선교사로 나가기 전, 마지막 선교 훈련을 받은 곳이 미국 존브라운대학 John Brown University 의 부설 기관인 통합선교연구소 IBCD: Institute for Biblical Community Development 였습니다. 일 년간 그곳에서 지내면서 항상 나의 뇌리를 떠나지 않는 단어는 '통합'이었습니다. 진정한 통합이 무엇이며 그것이 삶에는 어떻게 나타나야 하는지에 대한 고민은 반 년 이상 지속하였습니다. 연구소 소장님이 쓰신 논문들을 읽고 수업을 들었고, 그곳의 공동체에 속해 생활하면서 조금씩 그 개념을 체득하게 되었습니다. 그리고 7개월의 시간이 지난 어느 날, 갑자기 모든 것이 하나로 꿰어지기 시작했습니다.

타문화 선교에 대해 나름대로는 훈련을 제대로 받았다고 자부하고 있었는데, 이런 깨달음이 있었던 후로 내가 소중히 간직하고 있던 사역 계획서를 찢어 버리고 새로운 개념으로 그 틀을 다시 짜는 작업을 시작하였습니다. 수십 년간 신앙과 삶 사이에 괴리를 만들어 놓는 이분법적 사고로 일관된 삶을 살아온 사실이 보이면서 마음 깊이 크게 뉘우치는 시간을 보냈습니다.

한국으로 돌아오고 나서 필드로 나가기 한 달 전에 돌이 갓 지난 셋째 아이가 선천성 백내장이란 병을 앓고 있다는 사실을 알게 되었고, 부랴부랴 병원을 알아보고 수술을 받도록 했습니다. 저와 한 팀을 이뤄 사역할 현지의 지도자가 우리 아이를 돌봐 줄 만한 소아 안과 전문의사가 그곳에 없어서 수술받은 아이의 눈이 다 나을 때까지 한국에 머무르는 게 좋겠다는 전갈이 왔습니다. 결국 우리 가정은 선교지로 나가는 것을 포기해야만 했습니다. 하나님께서 17년이나 선교사로 훈련하시고 준비하게 하시더니, 선교 현장으로 나가지 못하게 하신 것이 야속하다는 생각이 들기까지 했습니다. 우리 부부는 선교사로서의 정체성에 대해 혼란을 겪으며 한 달 남짓 새벽 기도회에 나가 주님께 한없이 부르짖었습니다. 기도하는 동안 선교사로서 우리 가정을 위해 베풀어 주신 특별한 사명들을 인식하게 되었습니다. 그중의 하나가 바로 이 '통합적 삶'에 대해 나누는 것이었습니다.

경기, 대구 의료선교훈련원, 호스피스 강좌, 샘의료선교회 정기 모임 등에서 기회가 있을 때마다 통합적 삶에 대해 강의하거나 말씀을 나누었고, 많은 분들이 이 내용을 책으로 엮었으면 좋겠다는 조언을 해 주셨습니다. 2011년 2월부터 쓰기 시작해서 원고를 탈고하는 데까지 만 4년의 시간이 지나갔습니다. 긴 세월 틈틈이 쓰고 다듬는 작업을 반복하면서 이 글을 읽는 모든 독자의 삶이 더 온전한 모습으로 통합되어 주님께 드려지길 기도하였습니다.

여기에 하나님 아버지와 주 예수 그리스도 그리고 내주하시는 성령님께서 이 세상의 모든 하나님의 자녀들에게 지금 현실에서 살아내기를 바라시는 삶의 모습을 적고 싶습니다.

감사의 말씀

이제 신앙의 동반자가 되셔서 기도해 주시는 부모님, 다섯 아이를 키우면서 전심으로 나를 섬겨 준 사랑하는 아내 심정아, 기독교 정통 신앙을 전수해 주신 최일웅 목사님, 나를 온전한 신앙의 길로 들어설 수 있도록 이끌어 주신 충남의대 기독학생회 교수님들과 김석희 교수님, 좋은 신앙의 본으로 나를 깨우쳐 주신 학교 선후배님들, 일대일 목자이신 박경섭 목사님, 통합 선교를 알려 주신 김영걸 목사님, 우리를 선교사로 파송해 주신 이문식 목사님, 한국 통합 선교연구회의 리더이신 김동화 목사님, 뜻을 같이해 주시고 격려를 아끼지 않으시는 이유환 목사님, 인생의 멘토로 섬겨 주시는 이정실 선생님, 통합 의학의 진수를 알려 주신 김태현 박사님 그리고 책 출판을 기꺼이 수락해 주신 예영커뮤니케이션 원성삼 대표님께 감사의 말씀을 전합니다.

일러두기

본문 소제목 사이에 별색의 글은 저자 자신의 경험과 적용을 적은 것입니다.
독자에게 참고가 되기를 바랍니다.

차례

추천의 글(김동화)   5

추천의 글(이유환)   7

프롤로그   11

Chapter 1 나는 누구인가?

사람에 대한 이해   21

누가 하나님의 자녀?   23

삭개오는 누구인가?   26

삭개오를 바라보던 시각   27

나는 누구인가?   29

너는 존귀하다   31

천국 시민이 세상에서 사는 것   34

왜 데려가셨지?   36

분주함과 불평   39

틀린 게 아니라 다르다   42

나의 가치   45

주님의 친구   48

빛의 자녀   49

Chapter 2 하나님과 친하다

넌 참 하나님과 친하구나   53

하나님을 알다: 야다   55

하나님이 주시는 복   57

우리가 구해야 할 것   60

상급, 미스도스   63

면류관   65

교만해지지 않는 칭찬   67

침노 당하는 천국   69

아버지께 드리는 성숙한 기도   72

구하는 것을 이미 아심   74

기도의 응답: 평안   77

내가 받은 달란트   81

일이냐? 관계냐?   85

나는 왜 살고 있는가?   87

chapter 3 구속(Redemption)

네 개의 축   91

구속의 영역   93

구속되었다, 구속되어 간다   96

하고 있는 일의 의미   98

그리스도의 몸 된 교회   101

고난은 왜 오는 걸까?   103

문설주에 피 바르기   106

나는 평안하다?   109

성숙의 길, 십자가의 길   110

완성으로 가는 길   113

Chapter 4 둘을 하나로 합치기

두 갈래 세상   123

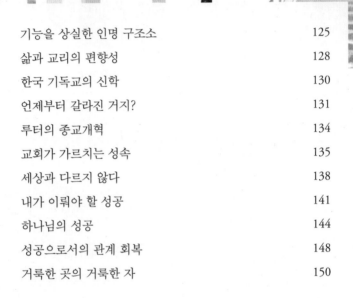

기능을 상실한 인명 구조소   125

삶과 교리의 편향성   128

한국 기독교의 신학   130

언제부터 갈라진 거지?   131

루터의 종교개혁   134

교회가 가르치는 성속   135

세상과 다르지 않다   138

내가 이뤄야 할 성공   141

하나님의 성공   144

성공으로서의 관계 회복   148

거룩한 곳의 거룩한 자   150

Chapter 5 복음이 드러나는 삶

구원은 주님이   155

내가 없으면 안 될걸   158

숫자를 버리자   160

흘러넘치는 사랑   163

하나님의 일   166

사랑의 섬김   169

전문인들의 오해   172

직업으로 하나님께 영광 돌리기　　　　175

하나님께서 택하시는 사람　　　　177

열매 맺는 요령　　　　179

복음이 드러나는 삶　　　　182

Chapter 6 누가 선교사인가

선교의 정의　　　　185

전문인 선교 모델　　　　188

통합 선교　　　　190

복음 전도와 사회 참여　　　　193

성육신의 참 의미　　　　194

누가 더 선교를 잘 하는가?　　　　198

전문직의 스펙트럼　　　　200

의료의 통합을 예로 들어　　　　202

보내는 선교사, 가는 선교사　　　　205

누가 선교사인가　　　　207

사람들을 하나님의 자녀로 볼 수 있다면　　　　209

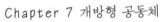

Chapter 7 개방형 공동체

개인의 회복을 통한 공동체의 회복   213

너는 나 때문이야   216

울타리와 우물   218

경계 구조와 중심 구조   220

공동체가 세상에 기여하는 역할   222

공동체만이 살 길이다   224

왜 공동체이어야 하는가?   226

개방형 공동체   229

공동체의 핵심은 사랑   231

에필로그   238

Chapter 1
나는 누구인가?

사람에 대한 이해

> 창밖을 바라보니 한 남자가 강아지를 끌고 산책을 나왔습니다. 단정한 옷차림에 깔끔한 외모는 누구라도 호감이 갈 만한 모습입니다. 그런데 표정을 보니 편해 보이지가 않습니다. 조금 전에 무슨 일이 있었는지는 모르겠지만, 분명히 마음이 복잡해 보입니다. 그 사람은 한적한 공원 길을 따라 유유히 사라졌습니다.

여기 제시한 이 한 사람은 나에게 아무 의미가 없는 존재일 수도, 관심을 가질 만한 대상이 아닐 수도 있습니다. 이 사람을 보는 동안 순간적으로 눈에 보이는 현상을 관찰하게 됩니다. 주의 깊게 본 것이 아닐지라도 혹시 그 사람에 대해 외모, 연령대, 입고 있는 옷의 색이나 모양 등을 물어본다면 대략적으로 대답할 수 있을 것입니다. 힘들기는 하겠지만 좀 더 나아가서 직업이나 종교 등이 무엇일지 물어본다면 그것도 나름대로 의견을 낼 수는 있을 것입니다. 지극히 제한된 정보이긴 하지만 그 사람의 옷차림이나 외모에 대해 부러운 마음을 가질 수도 있고, 어두운 표정에 대해 안타까운 마음을 가질 수도 있을 것입니다.

　오늘 하루도 수많은 사람이 우리 곁을 스쳐 지나갑니다. 북적거리는 인파를 헤치면서 출근을 해야 하고, 직장에서는 복잡한 관계로 얽혀 있는 조직이 있고 집에 가면 가족이 있습니다. 또한 당장 눈앞에는 안 보여도 내가 관계를 맺은 수많은 사람이 존재합니다.

　어떤 형태로든 연결된 이 사람들을 하나님이 의미 있는 존재로 나에게 두셨습니다. 천지 만물을 지으시고 우주 위에 운행하시는 하나님은 지금 눈앞에 나타난 현상들을 우연으로 두시지는 않으셨습니다. 그 사람들에 대해 올바른 이해를 하는 것은 우리 삶을 올바로 살아가는 데에 중요한 변수가 될 것입니다.

● ● ●

나의 전문분야는 복막 전이암을 복강경 수술로 치료하는 것입니다. 나를 찾아오는 환자들은 대부분 남은 수명이 수개월에 불과한 분들입니다. 내 진료실에는 오늘도 처음 보는 사람들이 내가 그들의 병을 고치는 의사라는 이유 하나만으로 지푸라기라도 잡고 싶은 심정으로 찾아옵니다. 그들은 수십 평생 살아온 각자 삶의 짐을 잔뜩 짊어지고 내 앞에 앉아서 그 고통의 보따리를 풀어 놓습니다. 환자의 질병을 보기 전에 그들의 마음을 봐야 하고 영적인 상태를 점검해야 합니다. 하나님 앞에서의 그들의 존재를 이해할 때 비로소 사람을 대하는 의사가 되는 것입니다.

누가 하나님의 자녀?

우리 가정은 2005년 국제 선교단체의 구성원으로 허입을 받고 나서 선교 현장으로 나가기 전에 거쳐야 하는 훈련과정을 이수해야 했습니다. 2007년 한 해 동안은 미국 알칸소 주의 통합선교연구소에서 선교사 훈련을 받았습니다. 머무는 1년 동안 거의 매주 빠짐없이 상담 전문가

이신 사모님께 일대일 상담을 받았는데, 이 과정을 통해서 내 자신을 다시 한 번 돌아보며 '통합'에 대한 더 올바른 가치관을 가질 수 있게 되었습니다. 자신을 남에게 내보인다는 것이 쉬운 일은 아니지만, 하나님 앞에 올바로 서고 싶은 절박한 심정이 있었기 때문에 부끄럽더라도 이것저것 가릴 처지가 아니었습니다.

상담이 진행되면서 제일 동의하기가 어려웠던 개념은 상담 선생님이 제시한 '하나님의 자녀'에 관한 것이었습니다. 내가 생각하는 하나님의 자녀에 대한 정의가 워낙 확고하기 때문에 상담 선생님의 새로운 개념에 동의하기가 어려웠습니다. 그분은 이 세상의 모든 사람이 바로 하나님의 자녀라고 늘 역설했습니다.

> 영접하는 자 곧 그 이름을 믿는 자들에게는 하나님의 자녀가 되는 권세를 주셨으니.
>
> 요한복음 1:12

그러나 나의 하나님의 자녀에 대한 개념은 예수 그리스도를 주로 시인하여 생명에 이르게 된 사람을 가리키는 것이었습니다. 내 개념이 옳다는 것을 주장하기 위해 성경에 하나님의 자녀라는 표현이 된 구절들을 모두 찾아 그분께 보여 드리면서 과연 누구의 생각이 옳은지를 토론하기도 했습니다. 하지만 그분은 변함없이 모두가 하나님의 자녀라는 개념을 상기시켜 주셨습니다.

하나님의 자녀가 누구인지에 대한 의구심은 사라지지 않고 마치 잘못된 가르침을 받는 것 같아 마음이 괴롭기도 했습니다. 이러한 고민은 수개월 동안 지속되었는데, 놀랍게도 어느 날 말씀을 통해 주께서 이 문제를 풀어 주셨습니다. 하나님의 자녀는 내가 아는 것보다 훨씬 더 넓은 의미라는 것을 인정하지 않을 수 없게 되었습니다.

예수님을 믿지 않는 사람을 '하나님의 자녀'로 여기기는 결코 쉬운 일이 아닙니다. 그렇지만 하나님의 피조물인 것은 분명한 사실입니다. 하나님이 지으시기는 했지만, 그분의 자녀는 아니라는 것은 앞뒤가 맞지 않는 이야기입니다. 우리는 그 사람이 하나님을 믿지 않기 때문에 하나님의 자녀가 아니라 사단의 자식이라고 말하는 이분법적인 사고를 경계해야 합니다. 하나님의 자녀에 대한 올바른 개념을 갖는 것은 통합적인 그리스인의 삶에서 가장 근본적인 일입니다.

● ● ●

하나님의 자녀에 대한 이해는 나에게 정말 어려운 일이었습니다. 내가 옳다고 생각하는 것을 부정하고 더 진보된 개념으로 바꾸는 작업은 마치 내 몸을 깎아 조각품을 만드는 것과 같다는 생각을 했습니다. 정으로 쪼고 망치로 두드리는 아픔이 있지 않고서는 내게 있는 군더더기가 떨어져 나가지 않습니다. 나이가 들수록 생각이 바뀌는 것은 기적과도 같은 것입니다. 겸허하게 주님이 나를 변화시킬 수 있도록 내드려야 가능한 일입니다. 수년이 지난 지금도 모든 사람을 하나님의 자녀로 보고 있느냐에 대한 자문을 수없이 하곤 합니다. 내가 그렇게 사람을 볼 수 있다면 어느 사람이라도 사랑할 수 있을 것입니다.

삭개오는 누구인가?

돌무화과나무 위에서 예수님을 바라보던 삭개오는 예수님의 초청을 받아들이고 구원을 받습니다. 사람들이 바라본 삭개오의 모습은 세리 장이였고, 부자였으며, 사람들에게 죄인이라고 여기던 사람이었습니다. 그러나 예수님이 그를 바라보는 관점은 달랐습니다. 예수님은 그를 아브라함의 자손이요 잃어버린 자라고 표현했습니다.

예수께서 이르시되 오늘 구원이 이 집에 이르렀으니 이 사람도 아브라함의 자손임이로다 인자가 온 것은 잃어버린 자를 찾아 구원하려 함이니라.

누가복음 19:9-10

● ● ●

사람들이 죄인으로 여겼던 삭개오를 예수님은 하나님의 자녀로 보셨다는 사실은 나에게 충격적이었습니다. 단순히 삭개오의 혈통이 유대인이며 아브라함의 자손이라는 것을 넘어서 공동체에서 소외되고 따돌림을 당하고 있는 그의 믿음을 진실한 것으로 여기고 사랑으로 대하신 예수님의 행동은 온몸으로 전율을 느끼게 했습니다. 모든 사람을 하나님의 자녀로 볼 수 있도록 이해하게 한 결정적인 계기가 된 말씀이었습니다. 수없이 삭개오 이야기를 읽었지만, 이렇게 깨닫게 된 것은 처음이었습니다.

삭개오를 바라보던 시각

사람들	예수님
세리장	이름을 아심
부자	아브라함의 자손
작은 키	잃어버린 자
죄인	구원의 대상

삭개오가 예수님을 만나기도 전에 예수님은 그를 알고 계셨고, 예수님

을 영접하고 구원에 이르기도 전에 그는 이미 "아브라함의 자녀"라고 불렸습니다. 예수님은 삭개오의 껍데기에 불과한 부자 세리장을 중요시하지 않고 그의 본질을 보셨으며 그가 잃어버린 자녀임을 인식시킴으로 다시 하나님과의 관계를 정상적으로 회복하게 했습니다.

이러한 예수님의 가치관을 우리도 본받아야 할 것입니다. 세상의 가치와 평가는 하나님의 것과 다를 수 있습니다. 어떤 사람을 대할 때 본능적으로 떠오르는 선입관이나 자신이 경험한 그 사람에 대한 정보들이 그 사람을 정확히 대변해 줄 수는 없습니다. 아무리 친한 사이라 해도 그 사람 마음 깊이를 다 헤아릴 수는 없을뿐더러 그 당사자도 자신을 잘 모르고 있습니다. 절대로 우리의 불완전한 잣대로 사람을 평가해서는 안 될 것입니다.

이 세상의 모든 사람은 하나님의 자녀이며 그중에는 잃어버린 자녀도 있습니다. 잃어버린 자가 돌아온 탕자의 비유^{눅 15:11~32}에 나오는 둘째 아들을 의미하는 것이 아닙니다. 그들은 아버지의 소생이나 아버지가 누구인지도 모르고 사는 사람을 말합니다. 또한 언젠가는 아버지 품에 돌아올 잠재적 그리스도인이기도 합니다.

사람을 바라볼 때 신자, 불신자의 부류로만 나누어 보는 시각을 버리고 그들의 삶을 연속성을 지닌 구원의 과정으로 이해해야 합니다. 지금 예수님을 믿지 않는 사람도 따지고 보면 하나님의 자녀요, 결국에는 구원에 이르게 될 길을 걷고 있습니다. '아직'은 아니지만, 곧 그렇게 될 것이라는 확신을 갖고 그들을 위해 기도하고 전도하고 섬겨야 합니다. 그들은 우리와 똑같은 하나님의 자녀이며 곧 주님 품으로 돌아올 것이라는 확신을 가져야 합니다.

나는 누구인가?

오늘도 수많은 사람이 내 곁을 지나갑니다. 내가 수많은 군중 속에서 외톨이처럼 홀로 떨어져 외로워하고 있을 때 저 멀리서 내 이름을 부르는 소리가 들립니다.

"이 많은 사람 중에서 누가 나를 부르는 걸까? 혼자인 줄 알았는데 나를 알아보는 사람이 있다니 참 놀라운 일이군!"

의아한 표정으로 주위를 둘러보니 저만치에 예수님이 서 계셨습니다.

"얘야! 너를 잃어버리고 나서 얼마나 찾았는지 모른단다. 이제 안심하고 내 품에 안겨라. 나는 이미 너를 잘 알고 있단다."

대부분 사람은 자신이 누구인지에 대한 질문에 대답하기를 어려워합니다. 무슨 철학자나 되어야 대답할 수 있을 것 같기도 하고, 그냥 우스갯소리로 가볍게 대답하고 넘길 수도 있습니다. 그러나 이 질문은 이 세상을 살아가는 데 매우 중요한 것입니다. 자신이 가진 정체성에 걸맞은 삶을 살게 될 것이기 때문입니다. 사람들이 자신을 어떻게 보는 것과 상관없이 스스로 귀한 자로 여기면 귀한 삶을 살 것이고, 천하다고 여기면 천한 삶을 살게 될 것입니다. 우리는 잠시 잃어버린 우리의 본연의 모습을 잘 찾아서 그 신분의 존귀함을 회복해야 합니다.

　내가 누구인지를 다른 사람이 대답해 주기는 어려운 주제입니다. 그렇다고 스스로 이 질문에 답하려 든다면 득도를 위해 수행하듯이 평생을 노력해도 결론을 쉽게 얻지 못할 것입니다. 우리를 가장 잘 아는 길은 바로 우리를 지으신 분께 여쭙는 것입니다. 우리의 오장육부를 지으시고 생기를 불어넣으신 분이시며 머리털의 개수를 세고 계신 분이야말로 내가 누구인지를 정확하게 말씀해 주실 수 있는 분입니다.

　나를 가장 정확하게 설명하는 말은 '하나님의 자녀'입니다. 왕이신 하나님이 내 아버지이시며 하나님의 아들이시자 구세주이신 예수님을 맏형으로 모시고 있는 대단한 귀족입니다. 이렇게 분명한 사실을 굳이 부인하면서 그 누려야 할 특권을 버릴 이유는 없습니다. '내가 존귀한 자'라는 이해가 있어야 '너도 존귀하다'고 고백할 수 있습니다.

●●●

진료하다 보면 비난을 받을 때가 종종 있습니다. 충분한 설명을 했음에도 치료의 결과가 좋지 않을 때 환자들은 의사를 향해 불만을 토로하곤 합니다. 마치 자격이 없는 의사인 것처럼 몰아붙이기도 하고, 나빠진 결과의 책임이 나에게 있다고 비난하기도 합니다. 이런 일을 겪으면 아무리 효과가 좋은 치료라도 하기가 싫어지고 조금이라도 문제의 소지가 있을 것 같으면 먼저 몸을 사리며 치료에 소극적이 되기 쉽습니다. 그러한 위기의 순간마다 극적으로 자존감을 회복하는 과정은 바로 내가 하나님의 자녀이며 누구에게도 판단 받지 않는 존재라는 사실을 되새김으로 가능합니다.

"하나님의 자녀", "하나님의 자녀……." 몇백 번을 되뇌어도 좋기만 합니다.

너는 존귀하다

여기에 원리주의 이슬람교도 한 명이 서 있다고 해 봅시다. 이 사람은 테러를 자행하고 많은 사람을 죽인 아주 악한 사람이며 우락부락하게 생긴 모습조차도 사람을 긴장하게 합니다. 그 앞에서 "당신도 나와 똑같은 존귀한 하나님의 자녀이니 사랑하고 섬기겠습니다." 이런 고백을 하는 것은 쉬운 일이 아닙니다. 도리어 이 사람과 친해지다가 자신이 도리어 이슬람교로 개종하게 되지는 않을까 두려워 할 수도 있습니다. 그래서 아예 상종하지 않고 모른 체하고 그냥 피해 버리는 게 상책이라고 여길 수 있습니다.

그러나 그 사람을 내 앞에 나타나게 하신 분은 하나님이십니다. 그도 분명히 하나님이 지으시고 그분의 생기를 불어넣으신 하나님의 자녀가 맞습니다. 내가 하나님의 자녀로 존귀하듯이 그도 존귀합니다. 다만 그 권리와 혜택을 누리지 못하고 참 아버지를 모른 채 잃어버린 자녀가 된 것입니다.

그런 사람을 향해 "당신도 나 못지않게 존귀한 하나님의 자녀입니다."라고 말하기는 쉽지 않습니다. 하지만 그렇게 할 수 있는 비결이 있는데 그것은 바로 아버지의 마음을 품는 것입니다. 기독교인이 아닌 사람을 향한 아버지의 마음을 우리가 조금이나마 헤아릴 수 있게 해 달라고 구한다면 그 영혼을 긍휼히 여기시며 안타까운 마음으로 바라보시는 아버지의 심정으로 그들을 존중하고 사랑할 수 있을 것입니다.

십여 년 전 같이 일하던 동료가 서울의 큰 교회에서 전도훈련을 받았습니다. 그동안 전도할 대상을 추천해 달라고 하기도 하고, 누구누구의 전도를 위해 기도해 달라고 부탁하기도 했습니다. 평소에 보지 못했던 그 친구의 전도에 대한 열심을 보면서 마음이 흐뭇했었습니다. 안타까운 것은 훈련이 끝나고서는 그 열정이 지속되지는 않았다는 것입니다. 이런 훈련이 전도에 대한 경각심을 일깨우고 전도하는 삶으로의 입문으로는 훌륭한 프로그램이라 할 수 있겠으나 무엇보다 우선시 되어야 할 기본이 있습니다. 그것은 바로 아버지의 마음을 깨달아 아는 것입니다. 그 간절함으로 이웃을 바라보면 어찌 눈물을 안 흘리고 전하지 않을 수 있겠습니까?

> 주의 약속은 어떤 이들이 더디다고 생각하는 것 같이 더딘 것이 아니라
> 오직 주께서는 너희를 대하여 오래 참으사 아무도 멸망하지 아니하고 다
> 회개하기에 이르기를 원하시느니라.　　　　　　　　　　　베드로후서 3:9

예수님은 지금도 잃어버린 영혼을 바라보며 눈물을 흘리고 계십니다. 그 영혼은 나만큼이나 존귀한 하나님의 자녀라는 것을 잊지 말아야 합니다.

●●●

'너'를 바라보고 계시는 하나님의 마음을 이해하기는 내 평생에는 어려울 것 같습니다. 남을 사랑한다, 섬긴다면서도 그 수준이 흉내를 내는 정도에 불과합니다. 미운 사람도 많고 보기 싫고 피하고 싶은 사람도 많은데, 어떻게 그들을 존귀한 존재로 여길지가 염려됩니다. 아무리 생각해 봐도 불가능한 일이지만, 주님 만날 그날에 완성될 사랑의 진수를 맛보고 나서야 얼마나 어설픈 일이었는지를 알게 되겠지만, 조금씩 나아지도록 노력해 보려고 합니다.

천국 시민이 세상에서 사는 것

하나님은 당신의 자녀가 세상에서 고통 받는 것을 원하지 않으시며 지금이라도 당장 그분의 품으로 부르시길 원하고 계십니다. 그럼에도 우리를 이 땅에 두시는 아버지의 마음을 우리는 잘 헤아려야 합니다.

하나님의 자녀가 죄로 가득한 이 세상에서 살아가는 것은 마치 배설물 통에 빠져 사는 것과 마찬가지입니다. 아주 역겨운 냄새가 코를 찌르고 온몸에는 배설물이 묻어 있어 피부가 상해 갑니다. 여기저기 손을 뻗치는 곳마다 만져지는 것은 온갖 더러운 것들 뿐입니다. 고귀한 하나님의 자녀가 이런 곳에 있다는 것은 분명히 격에 맞지 않는 일입니다. 로뎀나무 아래에서 죽기를 구했던 엘리야 선지자와 같은 심정일 것입니다.

바울은 고린도후서 12장에서 셋째 하늘의 존재에 대해 언급했습니다. 하늘나라에 대해 구체적으로 알고 있었기 때문에 자랑할 만한 자신의 모든 조건들을 배설물로 여길 수 있었습니다. 예수님만이 최고의 가치이기 때문에 그 무엇도 대신할 수 없었습니다.

사단은 이런 험악한 세상을 보기 좋게 치장을 해서 살 만하다고 속삭입니다. 마치 이 땅에 모든 소망이 있는 것처럼 사람들을 속여 중요하지 않고 죄스런 일에 매달리게 합니다. 우리의 바라야 할 본향은 분명히 하늘에 있습니다. 지금 우리가 살아가는 이 세상을 올바른 시각으로 바라볼수록 우리의 영원한 본향을 더 사모하게 될 것입니다.

> 우리가 지금은 나그네 되어도 화려한 천국에 머잖아 가리니
>
> 이 세상 있을 때 주 예수 위하여 끝까지 힘써 일하세.
>
> 주 내게 부탁하신 일 천사도 흠모하겠네.
>
> 화목케 하라신 구주의 말씀을 온 세상 널리 전하세.

찬송가 508장 1절의 가사입니다. 예수님을 믿는 우리가 지금이라도 죽어 낙원에서 주님 품에 안길 것이 확실하다면 여기에 더 머물 이유가 없습니다. 그리고 주님도 우리가 이 땅에서 고통 가운데 있다는 것을 너무 잘 알고 계십니다. 그런데도 여전히 이곳에서 살아 숨 쉬고 있는 이유가 있다면 그것은 주님의 부탁 때문일 것입니다. 천사도 흠모할 그 일을 우리가 감당하기를 원하셔서 우리에게 부탁하고 계십니다. 주님의 부탁이 우리 삶의 사명으로 삶에 표현되었을 때 가장 가치 있는 삶을 사는 것입니다.

● ● ●

대학 1학년 때 지금은 목사님이 되신 나의 일대일 양육 목자 선배가 세상은 '똥통'과도 같다는 이야기를 들려줬을 때 너무 놀랐습니다. 살 만한 세상 같은데, 그분이 너무 염세적인 것이 아닌가 의심할 정도였습니다. 그 선배는 그때 이미 하나님 나라의 깊은 것을 체험했는지 거룩함의

잣대로 죄악 된 세상의 실체를 간파하고 있었습니다. 그럼에도 성실하게 사시는 선배의 모습은 저에게 아주 큰 도전이 되었습니다. 나에게 이렇게 좋은 목자님을 세워 주셨던 주님께 감사드릴 뿐입니다.

왜 데려가셨지?

서른도 안 된 젊은 나이에 주님 품에 안긴 예쁘고 총명한 자매가 있었습니다. 국내 최고의 대학에서 미술사를 전공하던 유망한 젊은이였는데 어려운 질병을 이겨내지 못하고 꺼져가는 촛불처럼 많은 여운을 남기고 우리 앞에서 떠나갔습니다. 그녀는 신앙인이 되기 전에도 성품이 고와서 또래 친구들을 많이 돕고 자처해서 상담가의 역할을 감당했습니다. 그녀가 하늘로 간지 수년이 지난 지금도 그녀의 생일이나 기일이 되면 그녀를 기억하는 많은 친구가 그 고마움을 표현하고 있습니다. 이 일을 겪은 가족들은 이렇게 착한 딸에게 이런 일이 왜 일어나야 했는가를 이해할 수 없었습니다.

그녀가 앓았던 암을 치료하기 위해 전국 방방곡곡은 물론 일본까지 오가며 좋다는 치료를 다 받아 봤지만 그러한 노력에도 그녀는 꽃다운 나이에 주님의 부르심을 받았습니다. 그런데 놀라운 일은 치료에 더는 특별한 대안이 없다는 것을 안 부모님이 누가 인도한 것도 아닌데 교회와 기도원을 찾아가서 하나님께 목 놓아 부르짖으며 기도를 했다는 것입니다. 이런 일이 있은 지 이제 만 3년이 지났는데 그녀의 남은 가족들은 모두 너무나 아름답고 열정 있는 신앙인으로 성장했으며 복음과 사랑으로 다른 사람들을 세워 주고 돕고 있습니다. 주께서는 그분들께 이 모든 일을 당신이 행하셨다는 것을, 그분들이 기도하는 가운데 깨닫게 해 주셨습니다. 아무도 믿지 않았던 가정이 인간으로서는 해결할 수 없는 막다른 골목에 들어서자 하나님을 찾을 수밖에 없게 되었고 그 따님은 물론 온 가족이 이제는 영원한 나라에서 한 가족이 되게 했습니다. 고난은 우연하게 운이 없어서 주어지는 것이 아니며 거기에는 반드시 하나님의 뜻이 배어 있습니다. 주님께서 그 일을 왜 내게 허락했는지를 빨리 깨달아야 일이 풀려가기 시작할 것입니다. 감당하기 어려운 생이별을 주셔서 마음이 녹듯이 큰 슬픔에 잠겼으나 이제는 주님께서 승리의 회복을 허락하신 것입니다.

우리가 하나님의 계획을 다 이해하기는 어렵습니다. 하지만 한 가지 분명한 것은 그것이 그 사람과 그 주변의 사람들에게 최선의 것이라는 것입니다.

> 너희가 악한 자라도 좋은 것으로 자식에게 줄 줄 알거든 하물며 하늘에
> 계신 너희 아버지께서 구하는 자에게 좋은 것으로 주시지 않겠느냐.
>
> 마태복음 7:11

우리 아버지가 하나님이 맞는다면 그분은 결코 우리에게 나쁜 것을 주시지 않으며 주시더라도 좋은 것 중에 가장 좋은 것을 주실 것입니다. 그래서 일어난 상황을 다 이해하지는 못해도 감사를 드려야 합니다. 그냥 허무하게 가 버린 것 같아도 그 죽음은 결코 헛된 것이 아닙니다. 나중에 하늘에서 주님이 하신 일을 우리가 충분히 이해하고 고개를 끄덕이게 될 것입니다.

우리에게 꼭 필요한 사람이었는데 왜 데려가셨는가를 의아해하는 대신에 내게 왜 이런 일을 경험하게 하시는가를 기도하면서 깨달아야 합니다. 그 사람이 없어도 하나님이 원하시는 대로 세상은 돌아가며 하나님의 일도 성취됩니다. 도리어 데려가신 분은 상상도 못 할 놀라운 안식에 거하고 있을 것이므로 도리어 우리가 부러워해야 할 일입니다. 이런 일이 내 주위에서 목격되는 것은 주님께서 나에게 특별한 메시지를 주시는 것입니다. 이 일을 통해 주님께 한 발짝 더 가까이 나아오기를 간절히 원하고 계십니다. 하나님은 나와 친해지고 싶으셔서 안달이 나신 분입니다. 나를 가까이에 두시고 대화하고 교감하기를 원하시는 주님을 뵈어야겠습니다.

●●●

학창시절 우리가 천사라고 부르던 마취과 선생님이 계셨습니다. 그분의 아름다운 미소가 환자들을 얼마나 편안하게 해 주었는지 모릅니다. 그런데 안타깝게도 온유하시고 사랑이 가득한 그 선생님은 전문의를 따고 한두 해가 지났을 즈음에 교통사고로 하늘로 불림을 받으셨습니다. 이 일을 겪은 우리는 큰 충격에 휩싸였습니다. 그 선생님이 살아 계신다면 하나님이 기뻐하실 일을 너무 많이 감당하실 수 있을 텐데 그 젊은 나이에 데려가시는 것이 도저히 이해가 되지 않았습니다. 우리의 논리에 의하면 꼭 오래오래 살아 계셔서 하나님의 사역을 감당해야 할 분이셨는데 그렇게 빨리 데려가시니 당황할 수밖에 없었습니다. 남겨진 가족에게는 큰 슬픔이었겠지만 20여 년이 지난 지금 돌아보니 그 선배의 소천은 많은 사람에게 큰 유익을 끼쳤습니다. 하나님이 하시는 일은 정말 놀라울 따름입니다.

분주함과 불평

우리는 마르다와 마리아의 이야기를 잘 알고 있습니다. 이 말씀에 대한 설교를 통해서 우리가 듣게 되는 교훈은 대개 주님의 말씀을 듣는 것이 주님을 위한 봉사보다 앞서야 한다는 것입니다. 마르다가 예수님의 꾸중을 들어야만 했던 진짜 이유를 여기서 살펴보겠습니다.

> 그들이 길 갈 때에 예수께서 한 마을에 들어가시매 마르다라 이름하는 한 여자가 자기 집으로 영접하더라 그에게 마리아라 하는 동생이 있어 주의 발치에 앉아 그의 말씀을 듣더니 마르다는 준비하는 일이 많아 마

음이 분주한지라 예수께 나아가 이르되 주여 내 동생이 나 혼자 일하게

두는 것을 생각하지 아니하시나이까 그를 명하사 나를 도와 주라 하소서

주께서 대답하여 이르시되 마르다야 마르다야 네가 많은 일로 염려하고

근심하나 몇 가지만 하든지 혹은 한 가지만이라도 족하니라 마리아는 이

좋은 편을 택하였으니 빼앗기지 아니하리라 하시니라.

누가복음 10:38-42

예수님께서 여러분의 집을 방문했다고 생각해 봅시다. 하나님의 아들이신 위대한 선지자 예수님이 누추한 집을 방문했다면 우리는 틀림없이 분주해질 것입니다. 급하게 지저분한 가재도구들을 정리하고 걸레질 한 번이라도 더 할 것입니다. 생명의 말씀을 증거 하는 일로 지치신 예수님을 최대한 편하게 해 드리고 싶을 것입니다. 또한 예수님이 과연 무엇을 좋아하실지 고민하면서 음식을 준비할 것입니다. 이러한 반응은 결코 잘못된 것이 아닙니다. 마리아가 예수님의 발치에 앉아 말씀을 들었던 것은 괘씸한 일이 아닐 수 없습니다. 몸이 서너 개라도 부족할 판에 저만 혼자 은혜 받겠다고 철없이 앉아 있는 동생을 미워할 만도 합니다.

그렇다면 마르다의 진짜 잘못은 무엇이겠습니까? "내 동생이 나 혼자 일하게 두는 것을 생각하지 않습니까?"의 의미는 첫째, 동생이 잘못하고 있다는 책망의 말, 둘째, 그런 동생을 그냥 두고 있다는 예수님께

대한 불평, 셋째, 자신의 행동이 옳다고 과시하는 것으로 해석할 수 있습니다.「호크마 종합 주석: 누가복음」, 기독기혜사, 1997. 마르다가 예수님으로부터 받은 책망은 예수님을 섬기는 일 자체가 아니라 하는 일에 대해 만족하지 못하고 불평을 했으며, 지나치게 분주했기 때문입니다. 섬기는 일에 대해 감사하지 못하고 짜증이 났다면 주님은 이런 마르다의 마음 상태를 정확히 읽고 계셨을 것입니다.

마르다	마리아
예수님을 자기 집으로 영접함 준비하는 일이 많아 마음이 분주함 "내 동생이 나 혼자 일하게 두는 것을 생각하지 않습니까?" 많은 일로 염려하고 근심함	좋은 편을 택함 빼앗기지 않을 것이라는 약속

예수님은 몇 가지 혹은 한 가지만이라도 족하다고 말씀하고 있습니다. 만약 마르다가 자신이 하는 일에 대해 예수님께 음식을 대접하는 것으로 섬길 수 있음에 감사했다면 그 나름대로 좋은 은혜가 임했을 것이나 분주함과 동생을 향한 불평은 예수님의 꾸지람으로 이어지게 한 요인이 되었습니다.

이 말씀의 요지는 섬기는 일이나 말씀을 듣는 일의 가치를 따지면서 말씀에 관련된 일이 더 거룩한 것이라는 것을 가르쳐 주는 것이 아니라 각자의 역할에 따라 모든 일이 다 귀한 것인데, 그 내용이 아니라 그것을 어떤 마음가짐과 자세로 감당하는가가 더 중요하다는 것입니다.

●●●

보통은 외래에서 진료하는 시간에는 수술하지 않지만 가끔은 수술실 사정 때문에 진료시간임에도 수술실을 드나들어야 할 때가 있습니다. 한참 열중해서 수술하고 있다 보면 외래에서 환자분이 대기하고 계시다고 연락이 옵니다. 마음이 분주해지는데, 병동에서 환자가 안 좋다며 오라는 전갈이 오면 정신이 없어집니다. 동시에 여러 일이 겹치니 무슨 일부터 해결해야 할지를 잘 결정해야 합니다. 이렇게 바쁘게 지내다 보면 일주일에 한두 번은 점심을 거르기도 합니다. 동료 의사들이 아주 여유롭게 로비에서 커피를 마시며 대화하는 모습을 보면 부럽기도 하고 불공평하다는 생각이 들기도 합니다. 비교하기 시작하면 끝도 없이 자신이 비참해지겠지만, 지금 내가 맡은 역할에 감사하고 다른 동료들의 고유한 역할에 대한 존중함이 있다면 아름다운 연합이 가능해질 것입니다.

틀린 게 아니라 다르다

마르다는 마리아의 행동이 잘못되었다고 생각했습니다. 그렇게 바쁜데 하나도 돕지 않는데다가 혼자만 은혜 받겠다고 예수님 발치에 앉아서 싱글거리며 말씀을 듣고 있으니 얼마나 얄미웠겠습니까? 언뜻 보면 마리아가 이기적이고 마르다가 더 헌신적으로 보일 수도 있습니다.

말씀을 듣는 것과 접대하는 것을 비교해서는 안 될 것입니다. 말씀을 듣는 것은 귀한 일이고 접대하는 것은 하등하다고 생각한다면 세상은 돌아가지 않습니다. 마르다의 봉사가 있었기 때문에 마리아가 가만히 앉아 있을 수가 있었고 반대로 마리아가 예수님과 대화를 하고 있었기 때문에 마르다가 음식을 준비할 수 있었습니다.

각자의 역할은 적절했고 누가 틀린^{wrong} 것이 아니라 다만 그 역할이 다를^{different} 뿐이었습니다. 각자가 처한 상황에서 자기가 맡은 일을 주를 섬기듯 온 정성을 쏟아 감당할 때 우주적인 교회로서 세상 전체가 올바로 돌아가는 것입니다. 무엇을 하든 좋은 편을 택하고 그 가운데서 은혜를 누리면 됩니다. 일 자체가 목적이 되어서는 안 됩니다. 지금 자신이 하는 일에 대한 이유를 명확히 이해하고 그 가운데서 주님의 뜻을 이뤄가는 삶을 살아야 합니다.

일하다 보면 그룹 내에서 서로 갈등이 있게 마련입니다. 남들은 나와 같은 사람이 아니어서 나처럼 생각하지 않고 나처럼 행동하지 않기 때문에 함께 뭔가를 하는 것은 쉬운 일이 아닙니다. 자신이 보기엔 절대로 그렇게 하면 안 되는데 엉뚱하게 일하는 것 같이 느껴지면서 비판을 하게 됩니다. 물론 잘못된 것을 바로잡아 주는 것은 중요합니다. 하지만 단순히 자신과 뜻이 맞지 않는다고 해서 다 잘못된 것으로 치부해서는 안 됩니다. 하나님의 자녀로 지으신 존귀한 존재들을 우리가 비판하고 판단할 자격이 없습니다.

또 내가 보니 죽은 자들이 큰 자나 작은 자나 그 보좌 앞에 서 있는데 책들이 펴 있고 또 다른 책이 펴졌으니 곧 생명책이라 죽은 자들이 자기 행위를 따라 책들에 기록된 대로 심판을 받으니.　　요한계시록 20:12

　예수님만이 생명책을 펼치시고 심판하실 권세가 있습니다. 우리는 다만 형제를 존귀하게 여기고 사랑으로 섬기기만 해야 합니다. 하나님이 이 영혼을 생각하실 때 얼마나 귀하게 여기시는지 그를 영원히 살리시려고 가장 귀한 아들을 대속 제물로 주셨습니다. 그 사람의 가치는 하나님의 아들과 동일합니다. 이런 귀한 사람을 우리가 섣불리 판단하고 정죄해서는 안 됩니다.

●●●

　몇 번 호스피스 봉사자 교육에 가서 강의하면서 그곳에 모인 봉사자들께 부부가 행복해지는 요령이 무엇인지를 설명한 적이 있습니다. 그 비결은 바로 '틀린 게 아니라 다르다'는 사실을 인식하는 데에 있습니다. 아무리 서로 죽고 못 사는 사이라 하더라도 수십 년을 같이 살다 보면 갈등이 생기게 마련입니다. 하나님은 71억 인구를 모두 다르게 지으셨기 때문에 내 배우자도 분명히 나와는 다릅니다. 틀렸다고 판단하기 전에 나와는 다른 존재라는 것을 인정하면 서로 싸울 일도 없을 것입니다. 그 독특함이 있기 때문에 이성으로서의 매력이 느껴지는 것이고 그래서 결혼까지 했는데 왜 나처럼 하지 않느냐고 따지는 것은 앞뒤가 맞지 않는 이야기입니다. 서둘러서 틀렸다고 말하기 전에 "나와는 다르네!"라고 말하는 지혜를 가져야 합니다.

나의 가치

사람을 평가할 수 있는 척도는 여러 가지가 있습니다. 그 사람의 직업, 재물, 사회적 지위, 외모, 성격 등을 갖고 그 사람의 가치를 표현할 수 있습니다. 사람들이 가진 각자의 가치관에 따라 다른 평가를 하게 됩니다. 소수의 사람만 가진 것이 많고 높은 지위에 오를 수 있지만 많은 사람이 그렇게 되기를 바라며 인생의 목표로 삼곤 합니다. 이러한 가치들은 서로를 비교하게 만듭니다. 비슷한 처지에 있는 사람이 좋은 자동차를 사거나 더 넓은 평수의 아파트로 이사하는 것은 부러움을 만들어 내고 자신도 그렇게 되었으면 하고 바라게 됩니다.

나의 가치는 어떤 척도로 평가하느냐에 따라 많이 달라집니다. 세상의 가치로 평가된 나의 가치는 이 세상에 머물 동안 누리는 것으로 한시적이며 절대적이지도 않습니다. 많은 것을 가졌음에도 인생을 비관하거나 불행하다고 여기며 심지어는 자살을 하기도 합니다. 분명히 나보다는 훨씬 행복할 것 같은데 들여다보면 실제로는 그렇지 않은 경우가 많습니다.

하나님은 사람을 모두 가치 있게 지으셨지 서로 비교하여 열등하거나 우월하게 만들지는 않으셨습니다. 우리가 가진 여러 가지 척도들에 의해 그 급이 결정되는 다양한 가치의 사람들로 만드신 것이 아니라 하나같이 없어서는 안 될 소중한 존재로 지으셨습니다. 나의 가치 또한 타인에 의해 필연적으로 결정되는 것이 아니라 하나님이 허락하신 유일한 가치로 매겨져 있습니다.

우리가 추구해야 할 올바른 나의 가치는 오직 '하나님의 자녀'라는 것에 모든 것이 있습니다. 전문직에 종사하는 것, 많은 재물을 소유하게 하신 것, 멋있는 외모를 갖게 하신 것, 이것들은 하나님의 자녀라는 가치와는 도저히 비교할 수 없는 요소입니다. 먼저 나의 최상의 가치를 하나님의 자녀라고 볼 수 있는 사람은 이웃을 하나님 자녀의 가치로 보고 존중할 수 있는 사람입니다. 이런 관점으로 사람을 보면 패배자란 있을 수 없으며 모두가 하나같이 존귀한 주님의 자녀로 주님이 베푸시는 놀라운 사랑을 누리는 존재로 인식할 수 있습니다.

나의 최고의 가치는 '하나님의 자녀'입니다. 그리고 내 이웃의 최고의 가치 또한 '하나님의 자녀'입니다. 함께 사는 가족과 직장 동료를 하나님의 자녀로 존중해 주고 섬겨야 합니다. 우리는 사랑하고 섬겨야 할 빚을 지고 있습니다. 하나님이 예수님의 핏값으로 나를 위해 지불하신 대가는 우리가 무엇을 해도 갚을 수 없고 헤아릴 수 없는 큰 것이기 때문입니다. 그 덕에 우리는 생명을 얻었고 멸망에 이르지 않게 된 것입니다.

어떤 분은 '하나님의 자녀는 당연하고…'라는 토를 달고 자신이 바라는 바를 연이어 나열합니다. 그러나 나의 가치를 표현하는 데 '하나님 자녀' 하나면 모든 것이 충분합니다. 어떤 수식어나 조건도 필요 없습니다. 세상의 신은 먹음직도 하고 보암직도 하고 지혜롭게 할 만큼 탐스러운 것들을 제시하면서 우리를 속이려 하고 있습니다. 항상 깨어 있어서 나의 진정한 가치가 하나님 자녀라는 사실에 있다는 것을 우리의 골수와 마음판에 새겨야 합니다.

●●●

같이 일하는 동료 중에는 유독 키도 크고 얼굴도 예쁜데 야무지게 환자를 돌보는 선생님들이 있습니다. 거기다가 집안이 부유해서 멋진 자동차를 타고 다니거나, 잘 생긴 이성 친구가 있다면 동료들의 부러움의 대상이 될 수밖에 없습니다. 도리어 너무 잘 나가니까 미움을 받아서 이유도 없이 구박을 받는 모습을 보기도 합니다.

자신이 매긴 가치가 무엇인가에 따라 사람을 보는 눈도 달라집니다. 사랑하고 섬기는 일은 모든 사람을 '하나님의 자녀'라는 가치로 보게 될 때 비로소 시작될 수 있습니다. 비록 가진 것이 없고 조금 부족함을 보여도 그 사람의 고유한 가치 때문에 더 존중하고 함부로 대하지 말아야겠습니다.

주님의 친구

> 사람이 친구를 위하여 자기 목숨을 버리면 이보다 더 큰 사랑이 없나니
> 너희는 내가 명하는 대로 행하면 곧 나의 친구라 이제부터는 너희를 종
> 이라 하지 아니하리니 종은 주인이 하는 것을 알지 못함이라 너희를 친
> 구라 하였노니 내가 내 아버지께 들은 것을 다 너희에게 알게 하였음이
> 라.
>
> 요한복음 15:13-15

우리에게 또 하나의 중요한 가치는 주님의 친구라는 것입니다. 구약
에서는 하나님의 백성을 종으로 표현하셨습니다. 그러나 신약의 예수
님은 우리를 친구라 했습니다. 그렇게 여기실 뿐 아니라 주님이 알고
계신 영원 전부터 감춰진 놀라운 비밀들을 다 알려 주셨습니다. 주님이
우리의 친구이며 또 얼마나 큰 사랑을 베푸셨는가는 우리를 향한 그분
의 십자가 죽음으로 알 수 있습니다.

얼마나 큰 사랑으로 우리를 사랑했는가를 몸소 보여 주신 것에 감격
하며 감사드리는 동시에 또한 잃어버린 친구를 찾아 이러한 사랑으로
섬겨야 할 책임이 있다는 것도 알아야겠습니다.

● ● ●

전공의 시절에 아버지에게 간 일부를 떼어 주기로 했던 아들이 수술 전

날 병원에서 도망간 일을 겪은 적이 있습니다. 사경을 헤매는 아버지를 살리기 위해 간 절반을 떼어 주기로 약속한 후 모든 검사를 다 완료하고 수술만 앞둔 시점에서 너무 두려운 나머지 줄행랑을 쳤던 것입니다. 우리 의료진들은 하도 기가 막혀서 말을 잇지를 못했는데, 그 사람의 입장이 이해가 갈 만도 합니다. 멀쩡한 배를 열어서 장기 일부를 떼어 내어야 한다는 게 결코 쉬운 일이 아니기 때문입니다.

자신을 낳아준 부모를 위해서도 이런 작은 희생을 하기가 어려운데, 하물며 예수님은 친구 삼은 우리의 생명을 구하기 위해 목숨을 드리셨으니 얼마나 대단한 일인가요? 친구로서 보여 주신 최고 경지의 사랑을 늘 감격하며 살아야겠습니다.

빛의 자녀

빛이 있으면 어둠이 있는 법이며 빛이 사물에 비칠 때는 반드시 그림자^{어두운} ^{부분}가 존재하게 됩니다. 그런데 하나님은 회전하는 그림자도 없으신 분입니다.^{약 1:17; 요일 1:5} 그분 자체가 빛이시기 때문입니다. 달은 밤하늘을 빛나게 하지만 해와는 다른 점이 있습니다. 달은 자체 발광하지 않는다는 것과 지구에 가려진 그림자가 생긴다는 것입니다. 하지만 밤하늘을 비추는 달의 위력은 무시할 수 없습니다. 스스로 빛을 내는 수많은 별이 있지만, 달은 칠흑같이 어두운 밤거리를 환하게 비춰 주는 일등 공신입니다.

우리는 마치 달과 같은 존재입니다. 우리 자체는 빛이 아니었는데 빛이신 하나님 때문에 빛의 자녀가 되었습니다. 우리의 빛이 완벽하지는 않지만, 어둠을 물리치는 일을 훌륭하게 감당하고 있습니다. 우리의 착함과 의로움과 진실함은 빛의 자녀로서의 열매로, 사는 날 동안 목격할 수 있는 것들입니다.

> 너희가 전에는 어둠이더니 이제는 주 안에서 빛이라 빛의 자녀들처럼 행하라 빛의 열매는 모든 착함과 의로움과 진실함에 있느니라 주를 기쁘시게 할 것이 무엇인가 시험하여 보라 너희는 열매 없는 어둠의 일에 참여하지 말고 도리어 책망하라 그들이 은밀히 행하는 것들은 말하기도 부끄러운 것이라 그러나 책망을 받는 모든 것은 빛으로 말미암아 드러나나니 드러나는 것마다 빛이니라.　　　　　　　　　　에베소서 5:8-13

우리는 더욱 노력하여 빛 가운데 거하기를 힘써야 합니다. 조금이라도 그림자가 드리워지지 않고 더 많은 빛이 우리에게서 발산될 수 있도록 주님을 향하여 더 많이 노출되는 노력을 기울여야 합니다. 우리는 세상에 빛으로 나타나야 합니다. 어둠을 물리치는 것이 우리의 노력이 아니라 우리가 빛 가운데 거하는 것만으로도 일어나는 일입니다. 이런 노력은 이 땅에 있을 때만 필요합니다. 새 하늘과 새 땅에 들어가게 되면 그곳은 밤이 없으며 빛이신 하나님 때문에 온 세상에 빛의 열매가 충만해질 것입니다.

> 다시 밤이 없겠고 등불과 햇빛이 쓸 데 없으니 이는 주 하나님이 그들에
> 게 비치심이라 그들이 세세토록 왕 노릇 하리로다.　　요한계시록 22:5

●●●

학창시절 내가 살던 곳은 도시이긴 했지만, 사방에 논밭이 널려 있는 시
골과 같은 곳이었습니다. 살던 마을로 들어오려면 몇십 분을 걸어 들어
와야 해서 늦은 밤에 손님들이 오시면 손전등을 들고 마중을 나가야만
했습니다. 한번은 멀리서 친척 형이 와서 마중을 나갔다 돌아오는 길인
데, 어둠 속에서 머리를 반짝 쳐들고 우리를 위협하는 뱀을 만난 적이
있었습니다. 조금만 부주의했다면 영락없이 독사에게 물리는 사고를 당
했을 텐데, 손전등 덕에 그 위험을 피한 아찔한 순간이었습니다.
어둠 속에서는 우리가 인지하지 못하는 많은 일이 일어나고 있습니다.
뱀이 머리를 쳐들고 달려들 듯이 죄가 가득합니다. 빛을 비추는 것만으
로 죄가 물러가고 빛의 열매가 맺히는 것은 참 놀라운 일입니다. 그 빛
의 근원이 바로 하나님이시고 내가 그 빛에 속한 자녀라는 사실이 감사
할 따름입니다. 지금보다 더 밝은 빛이 내게서 비치길 소원해 봅니다.

아름다워라 나의 사랑

태초에 이미 지으시고 세상에 아름답게 태어난
그대는 아름다워라.

지혜의 화관을 쓰고 사람을 사랑하는
그대는 아름다워라.

푸짐한 열매로 세상에 희망을 주는 아름다운 포도원
그대는 아름다워라.

왕이 사랑스러워 홀을 내밀 수밖에 없는
그대는 아름다워라.

아름다워라 나의 사랑!

Chapter 2
하나님과 친하다

넌 참 하나님과 친하구나

얼마 전에 어떤 분이 "하나님과 친하다는 것이 무엇입니까?"라고 물은 적이 있습니다. 친하다는 말의 사전적 의미는 "가까이 사귀어 정이 깊다"라는 것입니다. 상대와 친하려면 우선 가까이 있어야 하고 서로 오고 가는 것이 있어야 합니다. 그리스도인인 우리는 누구보다도 하나님과 가까이 지내는 사람들입니다.

> 너희는 너희가 하나님의 성전인 것과 하나님의 성령이 너희 안에 계시는 것을 알지 못하느냐.
>
> 고린도전서 3:16

> 그의 계명을 지키는 자는 주 안에 거하고 주는 그의 안에 거하시나니 우
> 리에게 주신 성령으로 말미암아 그가 우리 안에 거하시는 줄을 우리가
> 아느니라.
>
> 요한일서 3:24

성령께서 우리에게 알려 주시길 우리는 하나님의 성전이며 그 안에는 성령님이 계시며 예수께서도 거하고 계십니다. 하나님은 저 멀리 우주 공간에 계신 분이 아니라, 바로 내 곁에 계시며 내 안에 거하고 계신 분이니 어찌 그분과 친하지 않다고 할 수가 있겠습니까?

하나님과 친하다는 것은 친하냐 안 친하냐의 문제가 아니라 당연히 친한데 '얼마나 친한가'의 정도가 중요한 관건입니다. 하나님과 친한 사람은 서로가 긴밀한 교통을 합니다. 어느 때나 어느 장소에든지 그곳에 계신 하나님을 발견하려고 애를 씁니다. 하나님을 사랑하는 마음으로 모든 일을 함으로써 삶의 모든 영역에서 그분과 동행합니다. 그리고 혼자서 결정하지 않고 먼저 주님의 뜻을 겸손히 물으며 주님이 말씀하시는 것은 철저히 순종합니다. 범사에 감사를 드리며 하나님을 기뻐하는 삶을 삽니다. 하나님과 지금보다 더 친밀한 관계를 가지려고 애쓰는 삶이 바로 성화의 과정이라고 할 수 있습니다.

● ● ●

수술하다 보면 결정을 해야 할 순간이 많습니다. 더 진행할지, 그만할지,

잘라야 할지, 놔둘지, 어떤 방향으로 접근해야 할지, 어떤 방식으로 연결할지, 무슨 실을 사용할지…… 아무리 경험이 많은 의사라도 수시로 이런 결정의 순간을 맞이하게 됩니다. 특히 어려운 결정의 순간에는 두렵고 떨리기도 합니다. 한번은 동료의사가 수술 중 수술 부위의 지혈이 안된다고 나에게 도움을 청한 적이 있었습니다. 부랴부랴 올라가서 문제를 해결하는 동안, 그 의사는 심한 스트레스를 견디지 못하고 그 자리에서 실신하여 쓰러졌습니다. 앞으로 갈 수도 뒤로 돌아갈 수도 없는 상황에 맞닥뜨리면 누군가의 도움을 구하게 됩니다.

그 어려운 순간마다 한숨같이 흘러나오는 소리는 주님을 부르는 소리입니다. 내 연약함과 무능함을 느끼는 순간 나의 부족함을 채워 주시는 주님은 늘 바로 옆에 계셨습니다. 생명을 다루는 일을 하면서 생명의 주관자이신 하나님과 친밀하게 지낸다는 것은 더할 나위가 없는 은혜입니다. 로렌스 형제가 주방에서 하나님의 임재를 경험했던 것처럼 삶의 터전에서 주님과의 친밀함을 더 드러낼 수 있기를 소원해 봅니다.

하나님을 알다: 야다(יָדַע, yaw-dah')

'하나님을 안다'라는 말의 히브리어 단어는 '야다'입니다. 구약성경에서 이 단어는 총 944군데에 쓰였는데 그 뜻이 다양합니다. 그것들은 인지하다, 경험하다, 구별하다, 배워서 알다, 어떤 사람을 알다, 관계하다, 성적 관계를 갖다, 다른 사람과 인격적이며 친숙한 관계를 맺다 등입니다. 창세기 4장 1절에서 아담이 하와와 동침했다는 단어가 '야다'

라는 것을 알고 의아해했던 기억이 납니다.

히브리인들이 누구를 안다고 표현하는 말은 이성과 논리로 안다는 것이 아닙니다. 삶과 경험을 통해 마치 부부가 동침하듯이 인격적인 관계를 형성해 나가는 것을 '안다'고 표현합니다. 우리가 하나님과 인격적으로 친숙한 관계를 맺는 것, 하나님 아버지의 자녀 됨을 이해하고 그분께 나아가는 것이 하나님을 안다는 말과 같다고 할 수 있습니다.

하나님을 머리로 이해하려 든다는 것은 불가능한 일입니다. 하나님에 대해서는 '이해하다understand'라는 단어가 아니라 '알다know'라는 단어가 쓰입니다. 많은 사람이 고대 그리스 사람들처럼 지식과 형이상학적 본질을 따지면서 하나님을 알려고 노력하기 때문에 그 관계가 형성되기가 어렵습니다. 하나님을 아는 일은 우리가 이해하지 못해도 그분의 존재와 하시는 일을 인정해 드리고 태초에 형성된 하나님과의 관계를 회복하려는 노력이 있어야 가능할 것입니다.

● ● ●

대학 1학년 때 캠퍼스에서 우연히 알게 된 형과 몇 개월 동안 창세기 공부를 한 적이 있습니다. 그 당시만 해도 교회만 다녔지 신앙의 깊이가 거의 없었던 때였는데, 공부를 하면 할수록 더 많은 궁금증이 쌓여 갔습니다. 만날 때마다 꼬치꼬치 캐묻는 나의 질문에 그가 다 대답하기는 늘 역부족이었습니다. 그때 그 형이 나에게 알려 준 말이 인상 깊었는데 "하나님을 이해(understand)하려 하지 말고 알아(know)가라"고 한 말이었습니다.

중학교 1학년 수학 시간에 선생님이 0.999999……는 1과 같다고 하시길래 "그건 분명 1에서 조금 모자란데 어떻게 1입니까?"라고 따져 물었던 적이 있습니다. 그것은 극한이니 무한이니 이런 개념을 모르는 내가 도저히 이해할 수 없는 것이었습니다. 교무실로 나를 부른 선생님은 나중에 알게 될 테니 지금은 그렇게 믿으라고 했습니다.

하나님에 대해서도 마찬가지입니다. 하나님을 안다는 것은 마치 부부가 동침하는 것과 같은 경지에 이르는 것을 말합니다. 내가 비록 이해하지 못한다고 부정하기보다는 그렇지 않을 수도 있겠다는 자세로 마음을 열고 하나님을 알아가야겠습니다.

하나님이 주시는 복

하나님이 복을 주셨다는 것은 무엇을 의미합니까? 나에게 주신 복은 무엇입니까? 나에게 모든 것이 풍족하여 부족함이 없는 것, 내가 겪는 어려운 문제가 모두 해결되는 것 그리고 남이 가질 수 없는 것을 누리는 것 등을 복으로 생각할 수 있겠지만, 성경이 제시하는 복은 조금 다른 개념입니다.

수년 전에 퇴근하면서 우연히 극동방송에서 나오는 한 목사님의 설교를 들은 적이 있습니다. 그 내용은 하나님께서 복을 주셔서 그 교회의 장로님을 형통하게 했고, 최근에 아파트 평수가 넓은 곳으로 이사했을 뿐 아니라 차도 좋은 차로 바꾸었고, 자녀도 복을 주셔서 서울의 명문대에 진학했다는 것이었습니다. 이 설교를 들은 많은 분은 하나님을 믿을 때 받는 복이 이런 것들이라고 생각했을 것입니다.

하지만 이런 의문을 한번 가져 볼 수 있을 것입니다. 예수님을 믿으며 너무 선한 삶을 살고 있는데 경제적으로 많은 어려움을 겪는 사회의 저변 층인 사람과 온갖 나쁜 짓을 일삼고 사람들에게 죄를 짓는 삶을 사는 데도 온갖 재물과 명예를 다 누리는 사람이 있다면 과연 누가 하나님의 복을 받은 사람입니까?

그 목사님의 설교대로라면 누가 과연 복을 받은 사람인지 알 수가 없게 됩니다. 한국인의 정서에는 기복주의, 성공주의 등이 삶에 배어 있습니다. 이러한 사회의 특성이 고스란히 교회에도 반영되어 진정한 하나님의 복이 무엇인지를 잘 이해하지 못하도록 만들고 있습니다.

복에 관한 대표적인 성경 구절로 시편 1편과 예수님의 산상수훈을 들 수 있습니다.

> 복 있는 사람은 악인들의 꾀를 따르지 아니하며 죄인들의 길에 서지 아니하며 오만한 자들의 자리에 앉지 아니하고.　　　　시편 1:1

시편 1편의 복은 히브리어로 '에쉐르ﾠ'인데 이것은 '아솨르ﾠ'에서 파생된 단어입니다. 구약에서는 복을 의미하는 히브리어가 '바라크ﾠ'

와 '아쇠르'가 있습니다. 바라크는 415회 사용되었는데 주로 하나님이 누군가를 축복할 때 하나님에 의해 사용되었거나 신적 권위를 가진 대리인에 의한 축복선포 때 사용되었습니다. 이처럼 바라크는 하나님의 축복을 가리키는 가장 일반적인 단어로 인간의 선행에 관계없이 창조주 하나님이 인간의 산업, 육체, 후손에 내려 주는 복을 가리키는 데 사용되었습니다.

아쇠르는 44회가 사용되었고 하나님과의 인격적 교제 안에서 그분의 말씀에 순종하는 자에 대한 보상으로 내리는 복에 대해 인간이 고백 또는 기원하는 형식으로 사용되었습니다. 70인역에서는 마카리오스 μακάριος로 번역되었는데 이 단어의 특징은 하나님 나라에의 참여를 통해 오는 특이한 즐거움을 가리키는 데 사용되었다는 점입니다. 시편 1편에서 언급된 복은 하나님 나라의 복을 예표하는 것으로 하나님 나라에 참예함으로 성도가 누리는 복을 의미합니다.「호크마 종합 주석: 시편(上)」, 기독지혜사, 1997.

마태복은 5장 1-12절과 누가복음 6장 20-23절에 쓰여 있는 산상수훈에 나오는 복은 위에서 설명한 마카리오스입니다. 마태복음의 복은 종말론적인 축복을 약속하는 것으로 육체적 안락을 넘어 하나님 자녀로서 누리는 궁극적인 평안과 하나님의 다스리심을 직접적으로 체험하는 한 인간의 유복한 상태를 말하는 것입니다.「호크마 종합 주석 마태복음」, 기독지혜사, 1997.

이를 종합해 보면 하나님이 주시는 복은 하나님과의 관계에서 비롯되는 것임을 알 수가 있습니다. 물질과 건강의 축복을 받는 것이 중요하지 않은 것이 아니라 우리가 진정 구해야 할 최우선 순위의 복은 하나님과 얼마나 친해지는가에 있다는 것입니다. 하나님과 친밀한 관계를 유지한다면 모든 것이 저절로 따라오는 것입니다.

●●●

우리 형제들은 5남매인데 그 직업이 각각 목사, 전도사, KAIST 출신의 과학자, 두 명의 의사입니다. 결혼 전 잠시 교회를 다녔지만 생활고에 시달리시면서 수십 년간 교회에 발걸음을 끊었다가 다시 믿기 시작한 어머니와 어머니의 전도로 최근부터 교회에 나가기 시작하신 아버지에게 자녀들은 자랑거리가 아닐 수 없습니다. 아주 깊은 산골에서 자라난 광부의 자녀들이 이렇게 장성했으니, 사람들은 하나님이 복을 주셔서 자녀들이 하나같이 잘 되었다고들 말합니다. 하지만 그분들이 정말 부러워해야 할 것은 좋은 직업이 아니라, 믿음으로 세워진 가정과 하나님과의 관계가 되어야 할 것입니다. 우리가 정말 부러워해야 할 가치를 하나님과의 친밀함에서 찾을 수 있으면 좋겠습니다.

우리가 구해야 할 것

올바른 신앙을 갖고 있으나 다른 사람이 보기에 많은 어려움에 처한 사람을 결코 복이 없는 사람이라고 해서는 안 됩니다. 하나님과의 친밀함의 관점에서 봤을 때 부귀영화를 누리지 못하고 주님 품에 돌아갔을지라도 하나님이 주시는 복을 받은 것입니다. 하나님은 우리를 자녀 삼으시고 상속자로 세우셨습니다. 부족함이 없는 우주의 주인 되신 분의 상속자에게 무엇을 주시지 않겠습니까?

> 성령이 친히 우리의 영과 더불어 우리가 하나님의 자녀인 것을 증언하시나니 자녀이면 또한 상속자 곧 하나님의 상속자요 그리스도와 함께 한 상속자니 우리가 그와 함께 영광을 받기 위하여 고난도 함께 받아야 할 것이니라.
>
> 로마서 8:16-17

> 무릇 아버지께 있는 것은 다 내 것이라 그러므로 내가 말하기를 그가 내 것을 가지고 너희에게 알리시리라 하였노라.
>
> 요한복음 16:15

마태복음 6장에서는 우리가 구해야 할 것에 대해 말씀하고 있습니다. 주님은 우리의 필요를 가장 정확히 알고 계신 분이며 우리가 구하기도 전에 주실 수 있는 풍족함이 있으신 분입니다. 하나님의 모든 것을 가지신 예수님께서 우리가 하나님과 친하기만 하면 모든 것을 채워 주실 것이기 때문에 하나님과의 친밀함이 우리 삶의 모든 필요를 채우는 비결이라고 할 수 있습니다.

그러므로 염려하여 이르기를 무엇을 먹을까 무엇을 마실까 무엇을 입을까 하지 말라 이는 다 이방인들이 구하는 것이라 너희 하늘 아버지께서 이 모든 것이 너희에게 있어야 할 줄을 아시느니라 그런즉 너희는 먼저 그의 나라와 그의 의를 구하라 그리하면 이 모든 것을 너희에게 더하시리라.

마태복음 6:31-33

솔로몬이 일천 번제를 드리고 나서 꿈에 여호와가 나타나셔서 무엇을 줄지 구하라 했을 때 "듣는 마음을 종에게 주사 주의 백성을 재판하여 선악을 분별하게 하옵소서."라고 대답하며 지혜를 구했습니다. 하나님은 이것을 기뻐하시고 전무후무한 지혜뿐만이 아니라 구하지도 아니한 부귀와 영광도 함께 주셨습니다.^{왕상 3:1-13} 우리가 먼저 구해야 할 것을 잘 구한다면 나머지도 하나님 아버지 상속자의 격에 걸맞게 넉넉하게 채워 주실 것입니다.

●●●

교회에 나간 지 얼마 되지 않았을 때 수학 시험을 보다가 백 점을 맞게 해 달라고 기도한 적이 있었습니다. 내신에 반영되는 중요한 시험이었는데, 하나님께서 응답했는지 정말 백 점을 맞았었습니다. 그러나 지금은 그런 기도를 하지는 않습니다. 나에게는 다섯 명의 자녀가 있는데 아이들이 공부를 잘하게 해 달라거나 반에서 1등이 되게 해 달라고 기도하지 않고, 하나님을 경외하고 성품이 좋은 아이로 자라게 해 달라고 기도하곤 합니다. 솔로몬이 부귀영화를 구하는 대신에 지혜만을 구했음에도 모든 것을 누렸듯이 당장 눈에 보이는 현실에 급급해하기보다는 더 중요한 것을 놓치지 않고 구해야겠습니다.

상급, 미스도스(μισθός)

우리가 얻기를 소망하는 복은 잠시 있다가 사라질 것이 아니라 영원한 것이어야 합니다. 예수님은 우리를 위해 거처를 예비하고 계십니다. 하나님께서는 이 땅에서 살아가는 우리의 공적에 따라 하늘의 상급을 주십니다.

> 내 아버지 집에 거할 곳이 많도다 그렇지 않으면 너희에게 일렀으리라 내가 너희를 위하여 거처를 예비하러 가노니 가서 너희를 위하여 거처를 예비하면 내가 다시 와서 너희를 내게로 영접하여 나 있는 곳에 너희도 있게 하리라.
>
> 요한복음 14:2-3

> 만일 누구든지 그 위에 세운 공적이 그대로 있으면 상을 받고.
>
> 고린도전서 3:14

상급을 원어로 보면 크게 두 가지 뜻이 있습니다. 한 가지는 대가로서 주어지는 것으로 좋은 것일 수도 있고 나쁜 것일 수도 있습니다. 다른 한 가지는 우리가 아는 상의 의미로 좋은 것을 말합니다.

> 보라 내가 속히 오리니 내가 줄 상이 내게 있어 각 사람에게 그가 행한
> 대로 갚아 주리라. 요한계시록 22:12

여기에서 나오는 상은 미스도스$^{\mu\iota\sigma\theta\acute{o}\varsigma}$를 말합니다. 행위에 따라 다른 보응이 주어지는 것입니다. 이 상은 꼭 좋은 것만은 아닌데 가룟 유다가 죽을 때 받은 불의의 삯이 미스도스였습니다.

하늘에 상급이 있는 것은 당연하고 이 땅의 상도 중요하며 이것들이 우리를 위로해 준다는 말을 하기도 합니다. 하지만 하늘의 상이 하도 크고 비교도 안 될 만큼 귀함을 알아 이 땅에서 받는 상에 대해 간절히 바라는 것을 지양해야 할 것입니다. 요즘은 도리어 반대가 되어서 하늘의 상을 가볍게 여기곤 하는데 이는 물질주의의 만연으로 말미암은 현상으로 볼 수 있습니다. 어찌 이 땅에서 받는 것만을 만족하며 기뻐할 수 있겠습니까? 도리어 이 땅의 삶을 십자가의 삶으로 받아들이고 고난을 즐거워하며 범사에 감사하는 삶의 자세가 요구됩니다.

이 상은 우리가 꼭 받기를 힘써야 하는 명령과도 같은 것이기 때문에 안 받고 말자는 것은 주시고자 하는 하나님께 대한 불순종이라 할 수 있습니다. 굳은 의지로 그 상을 사모하고 받으려고 노력해야 합니다.

이 땅의 생을 마감하고 영원한 나라에 들어갈 때 이 땅에서 우리가 가져갈 수 있는 것은 이 상밖에 없습니다. 그 상의 진가는 우리가 그곳에 거하게 되었을 때 나타날 것입니다. 지금 추측하고 이해하는 것 이상의 놀라운 상의 위력을 경험하고 나면 이전에 이 상을 위해 더 노력하지 못한 자신에 대해 후회할 날이 올 것입니다.

●●●

병원 생활을 하면서 선교 부문과 연구 부문에서 공적상을 받은 적이 있습니다. 많은 직원 앞에 나가서 트로피를 받는다는 것이 멋쩍은 일이긴 하지만 전체 직원을 대표로 그런 상을 받는다는 것이 영광스런 일이 아닐 수 없습니다. 수년이 지난 지금, 아마도 내가 그런 상을 받았다는 것을 아는 사람은 별로 없을 것입니다. 하지만 하늘에서 받는 상은 이 땅에서 우리가 유일하게 가지고 갈 수 있는 것이며 없어지지 않는 것입니다. 그 상의 소중함을 알아서 그걸 받기 위해 죽도록 충성하는 모습을 더 많이 지니고 싶습니다. 하늘의 상을 받는 것에 대해 욕심을 아무리 많이 부린다 해도 누구도 나에게 이기적이라거나 욕심이 많다고 비판하지는 못할 것입니다.

면류관

신약성경에 언급된 면류관은 경기에서 이긴 사람에게 주는 승리의 면류관인 스데파노스$^{\sigma\tau\epsilon\varphi\alpha\nu\acuteo\varsigma}$입니다. 우리가 써야 할 면류관은 일생에 딱 한 번 주어집니다. 바로 영원한 나라에 다다랐을 때 예수님의 판정에 따라 그동안 모아둔 상급에 걸맞게 우리 머리 위에 씌워 주실 것입니다. 우리 인생은 마치 경주와도 같습니다.$^{히\ 12:1}$ 싸움과도 같은 이 경주가 끝나면 시상식이 있을 것인데 그때 영광의 금 면류관이 우리를 기다리고 있을 것입니다. 어떤 분은 천국에 가기만 하면 됐지 꼭 금 면류관을 써야 하겠느냐고 반문하기도 하지만 그 영광에 참예하는 기쁨은 맛보지 않으면 결코 알 수 없는 대단한 것입니다. 이 상의 가치를 잘 알고 있었던 바울은 그 상을 많이 사모했습니다.

> **푯대를 향하여 그리스도 예수 안에서 하나님이 위에서 부르신 부름의 상을 위하여 달려가노라.**　　　　　　　　　　　　　　　**빌립보서 3:14**

사람들에게 하나님께서는 다양한 은사들과 재능을 주셨습니다. 이것들은 우리가 장차 받게 될 상과 비례하는 것이 아닙니다. 하나님의 자녀가 세상을 살아가면서 믿음을 잘 지키며 하나님을 섬길 수 있도록 배려하신 것입니다. 그분과의 동행을 원하는 데에 이런 것들이 없다면 너무 힘들므로 우리를 배려하기 위해 그것들을 주신 것입니다. 하나님이 그 사람만 특별히 사랑해서 주신 것이 아닙니다.

하나님이 상을 주시기 위해 우리를 보시는 관점은 이 사람이 얼마나 많은 일을 했는가가 아닙니다. 겉으로 드러나는 우리가 이해하는 수준의 결과에 연연해하지 않으십니다.

●●●

중국 상해에 HIFU라는 암 치료기 연수를 다녀온 적이 있습니다. 그 담당 교수는 인자하면서 환자를 잘 치료하기로 소문난 분이었습니다. 치료실에 들어갔을 때 한쪽 벽을 가득 채운 노란 깃발들이 눈에 확 들어왔습니다. 직원에게 물어보니 치료받은 환자들이 잘 치료해 주신 것에 대해 고마워하면서 존경의 표시로 하나하나 가져다 놓은 것이라고 했습니다. 그 교수의 권위는 그 깃발들만 봐도 알만했습니다. 그것들은 그 교수의 면류관과도 같은 것이었으며 그런 경지에 이른 것이 부럽게 느껴졌습니다.

하나님 나라에서 주의 성도들이 빛나는 금 면류관을 쓰고 거니는데, 혼자서만 빵떡 모자를 쓰고 다닌다면 얼마나 우스꽝스러운 일일까 생각해 보았습니다. 천국에 있다는 것 자체가 감격스러운 일이겠지만, 영광의 면류관이 내 머리 위에 있다면 더 감사가 넘칠 것입니다.

교만해지지 않는 칭찬

우리가 어떤 일을 할 때에 누군가가 나의 수고를 알아주기를 바라는 마음이 있습니다. 옆에 있는 사람이 이를 알아보고 칭찬해 준다면 우쭐해지고 기분이 좋아질 것입니다. 하지만 그렇지 않더라도 실망할 것이 없는 이유는 바로 하나님이 이 모든 것을 정확히 보고 계시기 때문입니다. 그 행위를 정확히 평가하셔서 공평하고도 부족함이 없는 상을 주실 것입니다.

천국에는 상대적 빈곤이 존재하지 않습니다. 자신의 분량에 따라 주어진 상은 부러움이 대상이 아니라 하나님께 영광과 찬송을 돌리는 예배의 모습으로 드러날 것입니다. 비교 자체가 없어서 자신이 누리는 것들로 말미암아 기뻐하고 감사만 드릴 것입니다.

남을 칭찬하게 되면 상대방이 교만에 빠질 수 있습니다. 좋은 미사여구를 붙여서 아무리 좋은 이야기를 하더라도 하나님의 자녀로서의 가치를 충분히 표현할 수 없음에도 우리의 얇은 귀는 한없는 교만으로 치닫는 수가 있습니다. 가장 좋은 인사는 그 수고를 하나님께서 좋은 상으로 갚아 주실 것이라고 인사하는 것입니다. 듣기 좋은 말보다 훨씬 더 복된 칭찬이 될 것입니다.

칭찬을 받은 사람은 해야 할 일을 했을 뿐이라고 답하는 게 좋습니다. 잘못하면 주님께 돌려져야 할 영광을 가로채서 하늘나라의 상을 잃을 수도 있어서 지혜롭게 처신해야 합니다.

> 이와 같이 너희도 명령 받은 것을 다 행한 후에 이르기를 우리는 무익한 종이라 우리가 하여야 할 일을 한 것뿐이라 할지니라.   누가복음 17:10

●●●

예전에 어떤 강사님이 훌륭하게 강의를 마치고 나서 담임목사님이 청중에게 강사님께 큰 박수를 부탁한다고 했습니다. 우레 같은 박수 소리가 나자 그분은 두 손을 올려 하늘로 향하는 제스처를 보이셨습니다. 평소에 잘 알고 계시던 분이시라서 나는 금방 그 행동의 의미를 쉽게 알아차릴 수 있었습니다. 칭찬을 듣고 나서 '뭐 그런 걸 갖고 다 그러시냐?'고 반문하듯이 대답하면 도리어 교만한 자세일 수 있습니다. 처음부터 칭찬 들을 사람이 그 상을 잃지 않도록 지혜롭게 말한다면 서로에게 덕이 될 것입니다.

침노 당하는 천국

'침노를 당하다'의 원어는 비아제타이^{βιάζεται}입니다. 이는 강력한 힘을 소유한 자에게 강탈당하거나 거칠게 다루어져 강제로 점령당하는 것을 의미합니다. 천국이라는 단어에 걸맞지 않은 거친 표현인데도 우리가 그렇게 해야 한다는 것입니다.

> 세례 요한의 때부터 지금까지 천국은 침노를 당하나니 침노하는 자는 빼앗느니라.
>
> 마태복음 11:12

하나님이 개인에게 붙여 주신 모든 환경과 사람들은 결국 자신을 위한 것이라는 해석을 하면 너무 이기적이 아니냐고 말할 사람도 있을 것입니다. 침노를 당한다는 '비아제타이'는 '열정적인 신앙인들에 의해 빼앗아지는 또는 수용되는' 정도의 뜻을 지니고 있습니다. 거룩한 능력과 막강한 에너지를 가지고 땅에 기습적으로 도래한 천국은 단지 침략과 약탈의 대상으로서가 아니라 적극적이고 역동적으로 많은 사람에게 열림으로써 열정적 신앙인들을 수용하게 된 것입니다. 「호크마 종합 주석: 마태복음」, 기독지혜사, 1997.

침노하는 자는 목적한 바를 쟁취하기 위해 결사적인 노력과 지혜를 아끼지 않는 강하고 용기 있는 자를 말합니다. 빼앗는다는 것은 천국의 유업을 얻으려고 온 정열로써 애쓰며 심혈을 기울이는 모습을 말합니다. 천국을 얻으려고 우리 선진들은 생명을 바쳐야 했고 사람들에게 버림을 당하고 수치를 겪어야만 했습니다. 이러한 죽기살기식의 단호한 결단과 용기로서 천국을 차지하기를 애써야 합니다.

어느 날 한 아버지가 그의 열 자녀에게 나눠 주려고 열 개의 사과를 갖고 오셨습니다. 사과를 한 개씩 받아먹으면 공평하다는 것을 누구나 알만한데 한 아이가 아버지한테 대뜸 그 열 개의 사과를 다 달라고 했습니다. 우리의 관점으로 보면 이 아이는 너무 이기적이라고 생각이 될 수밖에 없습니다. 왜냐하면 이 아이 때문에 아홉 명의 아이가 사과를 못 먹을 것이기 때문입니다. 그런데 이 아버지는 그 아이가 원하는 대로 그에게는 열 개의 사과를 주고 나머지 아이들에게는 예정했던 대로 한 개씩을 나누어 주었습니다.

이 이야기가 이해되지 않을 수도 있겠지만, 부요하신 하나님이기 때문에 가능한 이야기입니다. 열 개를 준비해 오셨지만, 그 자리에서 아홉 개의 사과를 추가하는 것은 우리 하나님 아버지에게는 너무 쉬운 일이기 때문입니다. 결과적으로 열 개를 다 달라고 했던 아이만 많은 것을 얻게 되었습니다. 이런 사람에 의해서 천국은 침노를 당하는 것입니다. 은혜를 사모하는 것은 결코 이기적이지 않습니다. 문제가 있다면 대다수 사람에게 그럴만한 열정이 없다는 것입니다.

●●●

의과 대학 본과에 재학 중일 때 함께 몰려다니며 기도하고 성경을 공부하던 형제, 자매들이 있었습니다. 그 멤버 중에는 목사가 된 분도 선교사가 된 분도 있습니다. 한번은 수련회로 모여 말씀을 듣고 있는데, 한 형제가 '아멘'을 외치면서 재빠르게 바닥에 십자가를 긋는 행동을 반복

했습니다. 나중에 왜 그랬냐고 물어보니 그 말씀이 자기 것이 되게 해 달라고 찜을 하느라고 그렇게 했다는 것이었습니다. 신나서 하는 그 행동이 눈에 거슬리기도 하고 얄밉게도 보였는데, 설명을 듣고 보니 그의 행동이 결코 나쁜 것이 아니었다고 여기게 되었습니다. 부요하신 하나님이 침노하는 자에게 베푸실 은혜는 한량이 없기 때문이었습니다.

아버지께 드리는 성숙한 기도

새벽 기도회나 금요 철야 기도회 같은 데를 가보면 일부러 들으려는 것은 아니더라도 주변에 앉으신 분들이 무슨 내용으로 기도하고 있는지를 종종 듣게 됩니다. 자녀의 학업 문제, 남편의 직장 문제, 건강 문제, 돈에 얽힌 문제, 다른 사람과의 갈등 등 다양한 제목을 갖고 기도를 드립니다.

무엇 무엇을 달라는 기도는 어린아이의 기도와 같습니다. 아주 어린 아이들은 앞뒤 가리지 않고 부모에게 달라고 합니다. 배고프면 먹을 것을 추우면, 입을 것을 요구합니다. 부모는 형편이 어렵더라도 최선을 다해서 어린 자녀를 위해 부족함 없이 채워 주려고 노력합니다. 제철도 아닌데 포도를 달라고 하면 외산 포도라도 가져다 줄 것이며 그것도 없다면 건포도라도 구해다 주는 것이 부모의 마음일 것입니다. 우리의 부모님이 귀한 것을 구해 오시면 당신들은 별생각 없다고 하시면서 자녀들에게 먼저 먹이고 채우시곤 합니다. 이 어린 자녀들은 자신의 필요를 채워 달라는 요구를 할 뿐이며 부모의 마음을 살피지는 못합니다.

성숙한 기도란 무엇입니까? 장성한 자녀는 무조건 부모에게 뭔가를 해내라고 조르지 않습니다. 그 자녀의 관심은 자신에게 떨어진 급한 문제에 앞서서 부모님의 안위와 마음을 먼저 헤아리기 마련입니다. 하나님께 나아가는 성숙한 하나님의 자녀 또한 다짜고짜 뭔가를 달라고 기도하기보다는 아버지의 마음을 알려고 애쓰기 마련입니다. 떼쓰듯이 이것저것 달라고만 하는 자녀보다는 "아버지 요즘 어려운 일 없으세요?" 이런 인사를 건네는 자녀를 볼 때 아버지는 자녀가 꽤 장성했다고 느낄 것입니다.

기도를 호흡으로 표현하기도 합니다. 숨은 내쉬기도 해야 하지만 들이마시기도 해야 합니다. 성장할수록 숨이 길어지고 깊어집니다. 깊이 들이마실 때 아버지의 말씀이 들리고 그 심정이 이해되는 것입니다. 자신이 기도를 잘 한다고 생각할 때 그 수준은 어린아이 중의 어린아이 같다고 생각하면 쉽습니다. 열심히 신앙생활을 한다고 해서 오래 교회를 다녔다고 해서 다 성숙한 것은 아닙니다. 심지어 교회를 가득 메운 성도 모두가 하늘나라에 갈 수 있을지조차도 불투명합니다. 천국에 갔더니 그곳에 꼭 와야 할 사람이 없는 것을 보고 당황할 수도 있습니다.

우리가 영적 성장을 다 할 때는 주님 품으로 돌아갔을 때 이루어지는 것이며 그 순간이 오기까지 온 힘을 다해 장성한 분량에 이르도록 힘써야 합니다. 아버지께 드리는 성숙한 기도는 악을 쓰며 중언부언하는 것으로 이루어지지 않습니다. 아버지와 인격적으로 만나서 정감 있게 심도 깊은 대화를 나눠야겠습니다.

●●●

어떤 집사님이 기도하러 기도원에 올라갔답니다. 저녁 기도를 마치고 숙소에 들어와서 잠을 청하려 하는데 옆방에서 중얼거리는 소리가 들렸답니다. 서로 얼마나 정겹게 대화를 나누는지 그 소리가 마치 노랫소리 같았답니다. 다음날 우연한 기회에 그 옆방 사람을 만났는데, 인사차 어제 들렸던 대화에 관해 말했더니 그분은 밤새 주님께 기도를 드렸었답니다. 형식적인 기도보다는 이런 사랑의 속삭임이 주님이 기뻐하시고 듣고 싶어 하시는 성숙한 기도일 것입니다.

구하는 것을 이미 아심

하나님께서 지금 우리에게 허락하신 것은 최선의 것입니다. 가장 좋은 것을 주셨다는 것입니다. 어찌 우리를 자녀 삼으신 하나님께서 우리에게 적당한 것으로 채우려 하시겠습니까. 지금 우리에게 허락된 것은 하나님 보시기에 가장 좋은 것입니다. 물론 우리는 우리의 필요를 구체적으로 하나님께 아뢰어야 하지만 언제까지나 유치한 기도를 드릴 수만은 없습니다.

여기 한 아이가 있습니다. 이 아이가 갑자기 사과가 먹고 싶었습니다. 스스로는 사과를 구할 방법이 없기 때문에 언제나 자신의 필요를 채워 주는 아빠 앞에 갔습니다.

"아빠 사과 주세요. 사과가 먹고 싶어요."

이렇게 말했더니 아빠의 반응이 신통치 않습니다. 그래서 또 이렇게 덧붙입니다.

"모양은 동그랗게 생겼어요. 위에는 꼭지가 있고 아래는 꽃이 달려 있던 흔적이 있어요. 껍질은 때로 파랗기도 하지만 대개는 빨간색이에요. 비교적 단단하지만, 한입 베어 물면 하얀 속살이 나오는데 그때부터는 달콤한 맛을 느끼며 먹을 수 있어요. 바로 그것 주세요."

아빠는 그제야 아이가 원하는 사과를 이해하고 그것을 어렵게 구해 오게 됩니다. 그래서 가까스로 그 아이는 사과를 먹을 수가 있었습니다.

그런데 우리 주님은 다르십니다. 주님께서는 이미 우리가 사과를 구하기도 전에 그것을 먹고 싶어 한다는 것을 미리 알고 계십니다. 우리가 너무 사과가 먹고 싶어서 아바 아버지 앞으로 나아가기만 하면 주님은 이미 사과를 뒷짐에 쥐고 계십니다. 그리고 도리어 이렇게 말씀하십니다.

"얘야, 뭐가 먹고 싶니? 적당한 단어가 생각이 안 나는 모양이구나. 그렇다면 이렇게 말해 보아라. 사~과."

이 어린이는 그 말을 알아듣고 'ㅅ'을 발음하기 시작했을 때 얼른 주님께서 말씀하십니다

"예 있다! 너 이거 먹고 싶었지. 맛있게 먹어. 나는 이미 오래전부터 네가 이것을 먹고 싶어 한다는 것을 알고 있었단다. 네가 나에게 와서 이것을 달라고 해서 고마워. 사랑하는 내 자녀야!"

이런 주님 앞에서 우리가 어찌 이것저것을 달라며 떼를 쓸 수가 있겠습니까. 주님은 우리를 바라보시면서 마음 아파하고 계십니다. 어제도 그랬는데 오늘도 변함없이 달라고만 매달리는 우리 모습을 보면서 안타까워하고 계신 것입니다.

우리는 신앙이 성숙하여 갈수록 더 많이 먼저 그의 나라와 그의 의를 구해야 합니다. 그랬을 때 이 모든 것이 덤으로 채워질 것입니다. 이것은 우선 순위의 문제입니다. 당장 배가 고픈데 하나님 나라를 위해 간구하는 것이 어려울 수 있습니다. 하지만 하나님은 우리의 단순한 필요를 채워 주는 분만은 아니신 것을 명심해야 합니다.

●●●

초등학교 시절 어머니를 도울 양으로 자주 시장에 따라다니곤 했습니다. 집안 형편이 워낙 안 좋았기 때문에 물건 하나를 사기 위해 이곳저곳 발

품을 파는 것이 다반사였습니다. 시장 입구에는 과일 가게가 있었는데 하루는 어머니가 바나나를 하나 사 주셨습니다. 그때 돈으로 바나나 한 개에 백 원이었으니 아무나 사 먹을 수 없는 귀한 과일이었는데, 어머니께서 특별한 선물을 하신 것이었습니다. 어린 마음에 먹고는 싶었지만, 가정 형편을 생각해 사 달라고 한 번도 조르지 않았는데 어머니가 내 마음을 알아채신 모양이었습니다.

하물며 하늘에 계신 내 아버지는 얼마나 나를 잘 알고 계셔서 항상 좋은 것으로 늘 채우신다 생각하니 감사할 따름입니다. 마치 톱니바퀴처럼 돌아가는 제 삶의 계획표는 늘 놀라움을 선사합니다. 분명 나에게는 커다란 불행으로 다가온 일인데, 나중에 가 보니 더 없는 축복이었습니다. 어린 시절의 가난이나 부모님의 잦은 다툼, 아버지의 뇌 손상 사고, 형제들 간의 갈등, 전공의 시험에서 떨어진 것, 셋째 아이의 선천성 백내장 등등 그 어느 것 하나 나에게 유익하지 않은 것이 없습니다. 나의 나 된 것은 이 모든 것을 예비하시고 인도하신 하나님 은혜의 작품입니다.

기도의 응답: 평안

고 3 엄마가 수능을 앞둔 자녀를 위해 기도를 했습니다. 대학에 꼭 진학해서 쓰임 받게 해 달라고 기도를 했습니다. 그런데 안타깝게도 대학에 떨어지고 말았습니다. 명문대도 아니고 4년제라도 가게 해 달라고 구했는데 야속하게도 들어주지 않았다고 생각했습니다. 과한 욕심을 부린 것도 아닌데, 자녀가 대학에 떨어진 것이 사람들에게 알려지면 하나님의 영광을 가릴 것이 아니냐고 염려를 했습니다. 하나님은 이 엄마의 기도를 과연 들어주지 않으셨을까요?

> 또 이르시되 너희 중에 누가 벗이 있는데 밤중에 그에게 가서 말하기를 벗이여 떡 세 덩이를 내게 꾸어 달라 내 벗이 여행중에 내게 왔으나 내가 먹일 것이 없노라 하면 그가 안에서 대답하여 이르되 나를 괴롭게 하지 말라 문이 이미 닫혔고 아이들이 나와 함께 침실에 누웠으니 일어나 네게 줄 수가 없노라 하겠느냐 내가 너희에게 말하노니 비록 벗 됨으로 인하여서는 일어나서 주지 아니할지라도 그 간청함을 인하여 일어나 그 요구대로 주리라. 누가복음 11:5-8

밤에 친구가 찾아왔는 데 대접할 게 없어서 염치를 무릅쓰고 벗에게 가서 떡을 달라고 간청을 합니다. 구체적으로 세 덩이가 필요하다고 말합니다. 결국 원하는 것을 얻게 되었는데 그것이 이루어진 이유를 '간청함'이라고 표현하고 있습니다. 이런 간절함이 있다면 요구한 대로 주실 것입니다. 하지만 주의할 것이 있습니다.

> 그를 향하여 우리가 가진 바 담대함이 이것이니 그의 뜻대로 무엇을 구하면 들으심이라. 요한일서 5:14

그것은 바로 하나님의 뜻에 합당하게 구해야 한다는 것입니다. 자녀를 위해 구체적으로 간청했는데도 대학에 못 가게 된 것은 기도를 응답하신 것이 아니라, 그의 뜻에 합당한 대로 들어주신 것입니다. 빌립보서 4장에는 기도에 대해 자주 인용되는 권면의 말씀이 나옵니다.

> 아무 것도 염려하지 말고 다만 모든 일에 기도와 간구로, 너희 구할 것을 감사함으로 하나님께 아뢰라 그리하면 모든 지각에 뛰어난 하나님의 평강이 그리스도 예수 안에서 너희 마음과 생각을 지키시리라.
>
> 빌립보서 4:6-7

모든 일에 대해 기도하라는 말씀인데 염려하지 말고 감사함으로 기도하라고 권면합니다. 그런 기도의 결과는 평강입니다. 마음과 생각이 하나님이 주시는 것으로 가득 차게 되는데 그것은 기도한 대로 일이 이루어지는 현상보다 더 중요한 평안이 올 것을 말하고 있습니다. 우리가 원하는 대로 이루어지는 것보다 평안이 찾아온 것에 대해 응답했음을 직감적으로 알아야 합니다.

> 그러므로 내가 너희에게 말하노니 무엇이든지 기도하고 구하는 것은 받은 줄로 믿으라 그리하면 너희에게 그대로 되리라.　　마가복음 11:24

우리가 무엇이든지 구하는 바를 들으시는 줄을 안즉 우리가 그에게 구한
그것을 얻은 줄을 또한 아느니라.   요한일서 5:15

이 성경 구절들을 보면 앞으로 이루어질 것에 대해 기대하라는 것이
아니라 이미 이루어졌음을 믿으라고 말하고 있습니다. 그렇게 믿었다
면 이미 받은 것입니다. 대학 가기를 기도했다면 대학을 가든 안 가든
하나님께서 이미 구한 것을 들어주신 것입니다. 다시 말하면 대학을 가
지 못하게 되었더라도 가장 좋은 응답으로 주셨다는 것을 믿음으로 받
아들여야 합니다. 기도한 엄마가 가장 좋다고 생각하는 것과 하나님이
그 자녀에게 가장 좋다고 여기는 것은 비교도 할 수 없을 커다란 차이
가 있습니다. 그런데 어찌 하나님이 사랑하는 자녀에게 주신 가장 좋은
것을 감사함으로 받지 않을 수 있겠습니까?
    하나님의 관심사는 자녀가 대학을 가는 것에 있지 않고, 그 엄마가
하나님 앞에 나왔다는 것과 어려운 문제를 하나님 앞에 내어놓고 구했
다는 사실 자체입니다. 그 어려움 때문에 당장에라도 죽을 것만 같았는
데 기도를 했더니 놀라운 평안이 찾아왔다면 그 순간 응답을 받은 것입
니다. 하나님은 대학에 떨어진 그 자녀에게도 동일한 사랑을 베푸신다
는 사실을 믿어야 합니다.

••••

십여 년 전에 원인 모르게 복막염이 생긴 환자가 점점 악화가 되고 치료가 안 되자 내과로부터 복강경 검사를 의뢰받은 적이 있었습니다. 배는 단단하고 카메라를 넣을 수 없는 상황이었지만 최선을 다해서 조직도 얻고 복막의 소견도 얻었습니다. 결국 복막결핵으로 확진되어 치료를 시작했지만, 환자는 회복하지 못하고 한 달여 만에 돌아가셨습니다.

이때부터 그동안 나타나지도 않았던 별거 중인 부인과 한 남자가 진료실을 계속 찾아와 복강경 수술의 후유증으로 환자가 죽었으니 책임지라고 윽박지르고 소비자원에 탄원서를 제출하기도 했습니다. 말도 안 되는 억지지만 매번 찾아와서 큰소리치고 가는 그들 때문에 아주 심한 스트레스를 받고 있었습니다.

어느 날 기도하면서 사소한 일에 연연하지 말고 그들을 긍휼히 여기라는 주님의 음성을 듣고 마음이 갑자기 평안해졌습니다. 실제로 그들이 찾아왔는데, 더는 심장이 벌렁거리지 않았고 침착하게 대면할 수 있었고, 도리어 힘닿는 데까지 돕겠다고 말했습니다. 그 후로 다시는 찾아오지도 않았고, 담당자의 이야기를 들어보니 애초에 요구했던 것보다 훨씬 낮은 수준에서 원만하게 합의를 봤다는 이야기를 들었습니다. 나의 기도를 평안으로 응답하신 놀라운 경험이었습니다.

내가 받은 달란트

한번은 소그룹 모임에서 한 자매가 저에게 고민을 털어 놓았습니다.

주님께서 자신에게 주신 특별한 달란트가 있는데 그것을 사용하지 않고 있어서 주님의 꾸지람을 들을까 두렵다는 것이었습니다.

마태복음 25장에는 우리가 잘 아는 달란트 비유가 나옵니다. 교회에서 설교를 통해 다섯 달란트를 남기는 종이 되어야 한다는 설교를 듣곤 합니다. 하지만 이 비유의 핵심 메시지는 그 종들이 남긴 달란트의 수에 있지 않습니다. 여기에 나오는 종 세 명을 상중하처럼 남긴 달란트의 수에 따라 셋으로 구분할 수도 있겠지만, 두 부류로 나누는 것이 더 타당하다고 봅니다.

그렇게 생각하는 이유는 주님께서 종들에게 내린 평가의 말씀에 근거한 것입니다. 21절과 23절에 나오는 주인의 칭찬은 토씨 하나 틀리지 않고 같다는 것을 알 수 있습니다.

> 그 주인이 이르되 잘하였도다 착하고 충성된 종아 네가 적은 일에 충성하였으매 내가 많은 것을 네게 맡기리니 네 주인의 즐거움에 참여할지어다 하고……그 주인이 이르되 잘하였도다 착하고 충성된 종아 네가 적은 일에 충성하였으매 내가 많은 것을 네게 맡기리니 네 주인의 즐거움에 참여할지어다 하고.　　　　　　　　　　　마태복음 25:21, 23

다시 말하면 이 주인의 평가 기준은 몇 개를 남겼나에 있지 않고 어떤 자세로 그 달란트를 관리했는가에 있었다는 것입니다. 이 관점으로 보면 착하고 충성된 종과 악하고 게으른 종 두 부류로 나눌 수 있습니다. 다섯 달란트를 더 남긴 사람이나 두 달란트를 더 남긴 사람은 똑같은 칭찬을 들었습니다. 성경에 다섯 달란트 더 남긴 사람에게 '더' 착하고 '더' 충성된 종이라 했다면 우리는 당연히 다섯 달란트에 대한 갈망을 가져야 하겠지만 두 사람이 똑같은 칭찬을 들었다는 것을 기억해야 합니다. 얼마나 충성했는가를 보고 각각 그들에게 알맞은 상을 주신 것입니다.

다섯, 두 달란트	한 달란트
칭찬	비난
착하고 충성됨	악하고 게으름

책망을 받은 종은 주신 달란트를 갖고 땅에 묻어 둔 것 때문이 아니라 그것에 대해 게으름의 자세를 가졌기 때문에 주인으로부터 비난을 받은 것입니다. 만약 다섯 달란트 받은 사람이 그 달란트를 갖고 성실하게 일했는데 한 달란트만 남았다면 주인이 그에게 한 달란트 받은 종과 같은 비난의 말씀을 했을까요? 아닙니다. 그 남긴 숫자에 상관없이 그 과정과 자세를 보시고 같은 칭찬을 했을 것입니다.

너는 장차 받을 고난을 두려워하지 말라 볼지어다 마귀가 장차 너희 가운데에서 몇 사람을 옥에 던져 시험을 받게 하리니 너희가 십 일 동안 환난을 받으리라 네가 죽도록 충성하라 그리하면 내가 생명의 관을 네게 주리라.

생명의 면류관을 갈망하는 우리는 나보다 더 많은 달란트를 가진 사람을 부러워하며 하나님이 불공평하시다고 불평할 것이 아니라 죽도록 충성하는 자세를 가져야 합니다.

● ● ●

군의관 시절 3년 중 마지막 1년은 대전에서 근무했습니다. 거의 날마다 근무가 끝나고 퇴근하기 전에 부대 입구에 있던 군인 교회에 들러 찬양도 하고, 기도도 드리며, 나만의 시간을 갖곤 했습니다. 하루는 손을 높이 들고 하나님을 부르며 기도하고 있는데, "네 손을 복되게 하겠다!"라는 하나님의 음성이 들렸습니다. 군을 제대하고서 외과를 전공할 예정이었기 때문에 정말 감격스러운 축복의 말씀이었습니다.

전문의가 되고서 수술을 하다 보면 급작스럽게 기구가 고장이 나거나 당장 필요한 물건이 없기도 합니다. 상황에 맞게 고쳐 쓰거나 창의적으로 적절하게 쓰다 보니 간호사들이 우스갯소리로 나를 "맥가이버"라고 부르곤 했습니다. 국내 최초로 온열 복강내 항암치료를 복강경을 사용해서 치료하는 방법을 고안하고 좋은 치료법으로 자리매김하게 해 주신 것도 우연은 아닐 것입니다. 지금도 늘 주신 달란트를 충성 되게 쓰고 있는가를 자문하곤 합니다. 주신 분의 뜻을 잘 헤아리고 잊지 않는 착하고 충성스러운 종이 되고 싶습니다.

일이냐? 관계냐?

하나님의 사랑으로 자신을 사랑하지 못할 때 사랑의 결핍은 어떤 형태로든 드러나게 되어 있습니다. 완전하고 조건 없이 사랑하는 하나님 사랑 이외에는 아무것도 우리의 사랑 받고 싶은 욕구를 채우지 못합니다. 내 욕구를 위해 남을 돕고 봉사하며 그것을 사랑이라고 착각하기도 합니다. 또 진실함으로 사랑하지 않고서도 다른 사람의 사랑을 얻으려는 목적으로 일할 수도 있습니다.

세상은 보이는 결과로 사람을 판단하고 가치를 매기며 무엇을 하느냐에 따라 사람을 평가하기 때문에, 자신이 중요하고 가치 있는 사람으로 인정받기를 원한다면 성공하려고 노력할 수밖에 없습니다. 자기 일의 결과와 업적을 드러내기 위해 남을 이용할 수 있고, 협력해야 할 관계가 경쟁 관계로 바뀌어 서로 시기하고 미움과 질투 그리고 다툼이 생길 수 있습니다. 사역의 결과에 따라 자신의 능력을 평가받기 때문에 보이는 결과에 매일 수밖에 없습니다. 일로 맺어진 관계라면 일에 의해 관계도 좌지우지될 수 있습니다.

일은 결과가 있어야 하고 그 결과에 따라 사람이 평가됩니다. 누구든지 능력을 인정받고 싶어 하고 목표를 이루는 성취감은 자기만족으로 보상되므로 일에 매달리게 되기 쉽습니다. 과도한 양의 일과 책임 그리고 경쟁은 스트레스의 원인이 됩니다. 어떤 대가를 치르더라도 쟁취해야 한다는 생각은 강박감과 두려움으로 연결됩니다. 걱정과 불안은 두려움을 더욱 과장하게 되고 과도한 스트레스는 에너지 소모로 인해 신체에 부담을 주어 건강을 악화시킵니다. 몸도 마음도 아프며 감정적으로 약해져서 분노폭발이나 탈진으로 가기 쉽습니다. 고통을 피하는 방법에 쉽게 집착하게 됩니다. 만약 실패하게 되면 패배자가 되어 버린 자신을 용납하지 못하고 원망하며 비난하게 됩니다.

일로 자신을 증명하려고 애쓴다면 일의 결과에 따라 우월함이나 위축감을 느끼게 되고 늘 남과 비교하는 마음을 갖게 됩니다. 심지어 부부간에도 경쟁 관계가 되어 부부갈등을 겪기도 합니다.

하나님이 우리에게 어떤 일을 허락하시는 것은 열매를 맺으라고 요구하기에 앞서서 그 일의 과정을 통해서 우리와 만나기를 원하시기 때문입니다. 그 일이 주어진 근본을 생각해 보면 그 중심에 분명 하나님이 계실 것이며 그분이 개입하기를 원하고 계시는데, 그 관계의 중요성을 인식하지 못하고 열심히 일만 하려 한다면 우리는 핵심을 잘 알지 못하고 피상적인 일에 매이게 되고 말 것입니다.

●●●

내가 알고 있는 한 금융회사의 대표님은 회사 경영의 원칙 중 하나가 직원을 되도록 해고하지 않는다는 것입니다. 맡은 일을 잘 감당하지 못한다고 그냥 관두게 하는 것보다는 그 사람의 재능에 맞는 일을 사려 깊게 찾아서 맡김으로써 서로 좋은 신뢰관계를 쌓아갈 수 있다고 합니다. 그러한 직원은 대개 기대 이상의 결과물을 내어놓곤 한다고 합니다. 일보다는 관계를 중시하는 풍토가 우리를 행복하게 만들 것입니다. 하나님의 일도 마찬가지입니다. 우리가 내어놓아야 하는 결과물보다 그 과정에서 맺게 되는 하나님과의 관계를 더 중시한다면 우리가 상상도 못할 가장 효율적인 주님의 사역을 감당하게 될 것입니다.

나는 왜 살고 있는가?

한 학생이 강의 시간에 늦지 않기 위해 안간힘을 써가면서 뛰어가고 있었습니다. 나이 지긋한 한 교수님이 그 학생을 불러 세우고 이렇게 물었습니다.

"학생은 왜 그렇게 열심히 뛰어가고 있는가?"

그러자 학생이 대답하기를

"수업에 늦지 않으려고 그러지요, 늦으면 학점을 제대로 받지 못합니다."

다시 교수님이 물으시기를

"왜 학점을 잘 받으려 하는가?"

"좋은 직장을 가기 위해서입니다."

질문이 계속 이어집니다.

"좋은 직장을 왜 가려 하는가?"

"돈을 많이 벌기 위해서죠!"

"돈은 왜 많이 벌려고 하는가?"

짜증이 난 학생은 급기야 이렇게 외쳤다고 합니다.

"잘 먹고 잘 살다 죽으려고요!"

이제야 알겠다는 듯이 그 교수님은 고개를 끄덕이면서 이렇게 말했다고 합니다.

"음, 그렇다면 학생은 지금 죽기 위해 뛰어가고 있는 것이군."

우스갯소리 같은 이 이야기는 많은 것을 생각하게 해 줍니다. 뭔가를 열심히 하고 있는데 그걸 왜 하고 있는지 인생의 진정한 목적을 잘 모르고 사는 사람이 많기 때문입니다. 누군가가 우리에게 왜 사느냐고 묻는다면 우리는 명백하게 제시할 답변을 갖고 살아야 합니다.

한 유명한 최고경영자가 회사에서 지나가다가 사원과 마주치게 되면 "자네가 이곳에 있어야 할 이유가 무엇인가?"를 물었고 대답을 시원하게 하지 못하면 해고를 했다는 일화가 있습니다. 인생의 목적을 잘 모른다 해서 자녀 됨의 권세가 사라지는 것은 아니지만, 하나님께 지금 이곳에 우리를 두신 이유를 알고 사는 것은 매우 중요합니다. 그것이 아버지께서 우릴 세상에 남겨 두신 뜻이기 때문입니다.

> 그런즉 너희가 먹든지 마시든지 무엇을 하든지 다 하나님의 영광을 위하여 하라.
> 고린도전서 10:31

> 만일 누가 말하려면 하나님의 말씀을 하는 것 같이 하고 누가 봉사하려면 하나님이 공급하시는 힘으로 하는 것 같이 하라 이는 범사에 예수 그리스도로 말미암아 하나님이 영광을 받으시게 하려 함이니 그에게 영광과 권능이 세세에 무궁하도록 있느니라 아멘.
> 베드로전서 4:11

하나님의 영광은 그리스도인의 삶을 표현하는 근본적인 행동 원리라 할 수 있습니다. 무엇을 하든지 그것이 하나님의 영광을 드러내는 것으로 방향성이 정해진다면 이것은 훌륭한 삶의 목적이 될 수 있습니다. 하나님께 영광을 돌리는 일에는 다른 사람에게 피해를 주지 말아야 한다는 뜻도 담겨 있습니다. 내가 한 것이 아니기 때문에 그 일의 결과는 다 하나님 것이 되어야 합니다.

가끔 동료 의사들과 만나서 대화를 하다 보면 공통의 관심사는 자산운용에 관한 것, 근무에 대한 불만, 골프 이야기 등입니다. 그중 단연코 1순위는 '돈' 이야기입니다. 진지한 그리스도인들조차도 그런 자리에서 '어떻게 해야 하나님께 영광을 돌릴까?' 같은 주제를 논하지는 않습니다. 신앙은 마치 우리를 좋게 치장하는 도구 같아서 믿는다고 하면 사람들에게 단지 하나의 자격 조건을 보여 주는 것과 유사합니다.

물론 개중에는 자신의 소유로 좋은 일을 하겠다고 말하는 사람도 드물게 있지만 대부분 의사는 어떻게든 돈을 모아서 노후에 안정된 생활을 하겠다는 생각이 많은 것 같습니다. 요즘 개업을 한 의사들의 형편이 너무 어려워져서 폐업이 속출하고 심지어는 자살을 하기도 합니다. 안타까운 마음으로 현실을 바라보면서 좀 더 고상한 삶의 목표를 가진다면 우리 삶에 숭배하다시피 영향력을 미치고 있는 돈의 굴레에서 벗어날 수 있지 않을까 생각해 봅니다.

chapter 3
구속(Redemption)

네 개의 축

기독교 세계관을 설명하는 네 개의 축은 창조, 타락, 구속, 완성입니다. 하나님이 태초에 지으신 우주 만물은 완벽했습니다. 죄가 들어오면서 타락하게 되었고 멸망과 더불어 사망에 이르게 된 세상을 구하시려 독생자 아들을 보내 주심으로 새 하늘과 새 땅으로 나타날 완성의 날까지 구속의 과정을 두셨습니다.

우리는 지금 네 개의 축 중에서 구속의 과정에 있으며 우주 만물 또한 창조 원형의 회복이라는 완성을 향하여 그리스도의 피로 인치심을 받으며 하나님과의 관계가 회복되어가는 연속선상에 놓여 있습니다.

창조로부터 완성이 이루어지기까지 흘러가는 하나님의 구원계획의 큰 흐름을 읽는다면 우리가 과연 어디에서 어디로 가고 있는지를 알 수 있을 것입니다. 이 네 개의 축으로 구성된 큰 틀을 먼저 그리고 거기에 우리 삶의 전 영역을 하나하나 적용해 보면 쉽게 우리가 구속의 과정에 들어가 있다는 것을 알 수 있습니다. 이 대상은 그리스도인에게만 해당하는 것이 아니라 이 세상에 존재하는 모든 사람뿐만 아니라 주님이 지으신 모든 세계라는 것을 잊지 말아야 합니다.

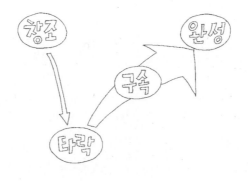

● ● ●

사람이 죽어 수많은 세월이 흐르게 되면 진토가 됩니다. 세포는 다 죽으며 온몸이 분해되고 분자가 땅속이나 바다 또는 공기 중에 존재하게 될 것입니다. 모든 육체가 흙으로 지어졌으니 흙으로 돌아가리라는 말

쓴대로입니다.(창 3:19: 욥 34:15: 시 146:4: 전 3:20) 마지막 나팔에 순식간에 홀연히 다 변화하여 주님과 함께 거하게 될 것입니다. 여기에서 말하는 완성은 기존의 것을 다 밀어 버리고 새로 만드는 것이 아니라 창조 원형의 회복을 의미합니다. 공기 중에 떠돌아다니던 나를 구성하고 있던 분자 하나하나조차도 주님께서 다 기억하신 바가 되어서 들려 올림을 받을 때 흠 없고 아름다운 가장 건강한 모습으로 부활한다는 것은 큰 소망이 아닐 수 없습니다. 우리를 창조하신 최고의 모습으로 회복되면 타락의 결과로 생겨난 여러 가지 현상들이 말끔히 사라질 것입니다. 이것이야말로 우리가 생각해 낼 수 있는 최고의 치유입니다.

구속의 영역

구속: redemption, 되삶, 도로 찾아냄, 저당 잡힌 것을 도로 찾음, 돈을 내고 석방시킴, 예수 그리스가 십자가에 못 박혀 인류의 죄를 대속함으로써 인류를 구원하는 것.

구원 salvation: 고통이나 악으로부터의 해방, 하나님께서 피조물을 구속하시는 과정이며 그분의 아들 예수 그리스도의 삶과 죽음 그리고 부활을 통해서 완성된다.의 대상이 사람이라고만 생각하기 쉽습니다. 전도하고 구원해야 할 대상이 사람이라는 데 이견이 있는 것이 아닙니다. 마음을 열고 좀 더 눈을 크게 뜨고 주님이 지으신 세상을 바라보면 우리의 시각이 넓어질 수 있습니다. 골로새서 말씀을 보면 하나님과 화목하게 되어야 할 대상이 나옵니다.

그의 십자가의 피로 화평을 이루사 만물 곧 땅에 있는 것들이나 하늘에
있는 것들이 그로 말미암아 자기와 화목하게 되기를 기뻐하심이라.

예수 그리스도로 말미암아 하나님과 관계 회복이 이루어져야 할 대
상 곧 '만물 곧 땅에 있는 것들이나 하늘에 있는 것들'은 사람만을 지
칭하는 것이 아닙니다. 우주 만물을 지으신 창조주시며 주인이신 하나
님이 세상을 다 지으시고 '좋았더라'고 하신 대상이 사람만은 아니었습
니다. 창조의 아름답고 온전한 원형으로의 복귀는 우주 만물 모든 것이
다 해당합니다. 일반적으로 사람이 구속 받아야 할 것에 대해서는 쉽게
이해하지만, 우주 만물이 구속받아야 할 것에 대해서는 감을 잡기가 쉽
지 않습니다. 아름다운 자연이나 동물들을 바라보면 하나님의 피조물
이라는 생각이 들지만, 자동차, 컴퓨터, 가구 등은 그냥 사람이 만들어
낸 세상의 물건 정도라고 여기곤 합니다.

여기 눈앞에 어디서나 볼 수 있는 책상이 하나 놓여 있다고 합시다.
사람들에게 이 책상이 구속을 받아야 한다고 말한다면 당장 이단으로
몰릴 것입니다. 그러나 이 책상을 만들기 위한 목재는 아름드리 나무에
서 나온 것이고 철로 된 부품들은 철광석에서 추출해 낸 것입니다. 합
성수지를 이루고 있는 원재료도 결국은 세상 어딘가에 존재하는 것들
을 변형해서 만들어 낸 것이고 이것을 만들 지혜조차도 주님이 주신 것

입니다. 따지고 보면 주님의 섭리가 배어 있지 않은 것이 하나도 없습니다. 그래서 이 책상도 구속의 영역 아래 놓여 주님의 영광을 드러내야 합니다. 이런 극단적인 예가 조금 위험한 발상일 수도 있겠지만, 모든 것을 주님 것으로 드려야 함에는 누구나 이견이 없을 것입니다.

구속의 영역은 영적 존재인 사람뿐만이 아니라 우주 만물로 확대되어야 합니다. 심지어는 눈에 보이지 않는 제도나 사회구조들도 그 대상이 될 수 있습니다. 그 범위는 굉장히 포괄적이어서 우리가 인지할 수 있는 모든 사람, 사물뿐만 아니라 광활한 우주 전체 그리고 보이지 않는 세계까지도 모두 포함하는 것입니다. 즉 우리가 구속되기를 바라야 하는 피조 영역은 지금보다 훨씬 더 확장되어야 할 필요가 있습니다. 하나님이 다스리지 않는 것이 무엇이 있겠습니까? 이런 확대된 세계관으로 우주 만물을 보는 훈련이 우리에게 필요합니다.

●●●

사람과 생물 또는 사물의 구원에는 큰 차이가 있습니다. 사람만이 하나님의 생기를 불어넣으신 영적 존재이기 때문에 다른 생물에는 인격이 있을 수 있지만 영적이지는 않습니다. 동물이나 식물과 교감하는 사례를 주변에서 쉽게 찾아볼 수 있습니다. 밥공기 두 개에 하나는 '사랑'을 적어 놓고 하나는 '미움'을 적어 놓고 한 일주일을 실온에 놔두면 사랑을 적어 놓은 밥은 구수하게 발효가 되지만, 미움을 적어 놓은 것은 검은 곰팡이와 악취가 난다고 합니다. 머리로 이해하기 어려운 여러 현상이 존재하지만, 모두 영적인 것은 아닙니다. 영적 존재의 특권은 영이신 하나님과 영교(spiritual communion)를 할 수 있다는 것이며 구원으로 말미암아 그분과 하나가 되는 상태에 다다르게 될 것입니다.

얼마 전에 한 친구에게 십 년 넘게 함께 생활해 온 사랑하는 애견이 중병으로 죽은 일이 생겼습니다. 그 친구의 슬픔은 아주 오래 갔는데, 어떤 목사님의 개도 죽으면 천국에 간다는 설교를 어디에서 들었다며 마음에 위안으로 삼는 모습을 보았습니다. 미국은 반려동물이 많아서 개가 죽으면 교회에서 장례식도 치러주고 예배도 드린다는 이야기를 들었습니다. 함께 지냈던 그 반려동물이 구원을 받는다기보다는 하나님의 피조물로서 온전한 모습으로 회복되어 천국에 있을 것 같습니다. 천국에 가면 가족도 없다는데(마 22:30) 하나님과 지내는 것이 아주 좋아서 동물에 연연하지는 않을 것입니다.

구속되었다, 구속되어 간다

구원에는 의화Justification, 성화Sanctification, 영화Glorifi-cation 의 세 단계가 있다고 합니다. 의화는 입으로 시인하여 구원에 이르는 것을 말하고, 영화는 마지막 날에 거룩한 몸으로 부활하여 하나님 아버지와 함께 있는 상황을 말합니다. 의화도 구원받았다고 할 수 있지만, 지금 현재 우리에게 일어나고 있는 구원의 과정은 성화의 단계입니다.

성화는 지금도 일어나고 있는 구원의 과정이며 창조, 타락, 구속, 완성의 네 개의 축 중에 구속에 관계된 것입니다. 우리 삶 속에 성화를 이루는 일은 우리를 날마다 십자가에 못 박음으로 자기 죽음을 경험하는 것이며, 모든 피조물을 구속의 영역 아래 갖다 두는 일련의 과정 전부를 포함합니다. 이는 끊임없이 자신을 부인하며 주님을 닮아가는 과정을 말합니다. 죄로 말미암아 타락하여 어그러진 세상이 그리스도의 대속으로 말미암아 조금씩 하나님 나라의 온전한 회복의 모습으로 변해가고 있는 모든 과정을 성화라 할 수 있습니다. 우리는 구원을 받았지만, 또한 구원을 이뤄가고 있습니다. 그 과정은 죄 된 것을 하나하나 없애고 주님의 것으로 채워가는 연속적인 과정으로 이해할 수 있습니다.

우주 만물의 구속 또한 마찬가지입니다. 주님의 세상을 구하시는 프로젝트는 점진적 연속적으로 일어나는 현상입니다. '예/아니요'의 문제가 아니라 '정도'의 문제입니다. 이런 관점으로 보면 지금 나타나는 현상에 대해 실망하거나 좌절만 할 것이 아니라 하나의 과정으로 이해하고 더 힘을 내어서 한 걸음 더 완성을 향해 발걸음을 내딛는 모습이 있어야겠습니다.

세상의 모든 피조물은 거룩한 것과 아직 거룩하지 못한 것^{세속적인 것이 아}님으로 나눌 수 있습니다. 영원한 나라가 완성될 그날에는 모든 것이 거룩한 것으로 변할 것입니다. 피조계를 구속의 연속선상의 관점에서 바라보고 모든 피조물이 그리스도의 피로 인침을 받고 구속되기를 간절히 바라며 하루하루의 삶을 살아가야겠습니다.

●●●

의과 대학 시절 국방과학연구소에 근무하시는 김재묵 박사님이 매주 학교에 오셔서 성경을 가르쳐 주셨습니다. 그분은 미국 유학 중 무디성경신학교에서 배워 오신 기독교의 진리를 쉽게 풀어서 알려 주셨는데, 그런 분께 성경을 배울 수 있었다는 것이 꿈만 같았습니다. 구원론에 대해서도 체계적으로 가르쳐 주셨는데 그때 처음 구원의 세 단계에 대해 듣게 되었습니다. 구원받는다는 것을 일회적인 사건으로만 이해하고 있다가 성화의 개념을 알게 됨으로써 신앙 성숙의 큰 전기를 마련할 수 있었습니다. 십자가를 지고 날마다 주님을 따르는 것이 힘들지만, 왜 내게 꼭 필요한지를 명확하게 이해할 수 있었습니다. 부족한 자를 위해 때에 따라 적당한 분들을 보내 주셔서 좋은 꼴을 먹게 하신 주님께 한없는 감사를 드릴 뿐입니다.

하고 있는 일의 의미

지구에는 수많은 종류의 직업이 존재합니다. 그중에는 사람들이 선호하는 것도 있고 기피하는 것도 있습니다. 직업에 따라 사회적 신분이 결정되고 그 격에 따라 사람을 평가하고 또 그렇게 하는 것이 자연스러운 현상이 되었습니다. 2010년 우리나라 청소년 통계에 의하면 대학 진학의 가장 큰 이유는 좋은 직장을 얻으려는 것이었으며[50.9%] 그 이유로는 적성과 흥미가 32.7%였고, 수입과 안정성을 답한 사람은 41%였습니다. 통계청, "2010 청소년 통계" 대부분의 사람은 좋은 직장에서 일하기를 원합니다.

자격조건을 많이 쌓아서 남들이 쉽게 들어갈 수 없는 좋은 직장에 남보란 듯이 들어간 사람은 우월감을 갖게 될 것입니다. 요즘 한 모바일 애플리케이션 덕에 여기저기 동창회가 열리고 있습니다. 동창회에 나가보면 어린 시절 친구로 지냈기에 스스럼없이 쉽게 친해집니다. 그런데 한편으로는 소위 잘된 친구들 모습을 보고 집에 돌아와서 나는 이게 뭔가 하고 푸념하기도 합니다. 그러나 직업에 귀천이 없다고 하듯이 어떤 직업을 갖든지 그 직업이 귀한 것이 되게 만드는 방법이 있습니다.

내가 올바른 시각을 갖고 있다면 어떤 직업의 사람을 만나도 그 사람이 하는 일이 얼마나 귀한지를 이해하고 실제로 상대방을 진심으로 존경할 수 있습니다. 이 복잡한 세상에 너무 다양한 직업들이 있는데, 이 모든 것은 나름의 역할과 의미가 있습니다.

직업을 신앙과 연결하기는 쉽지 않은 일입니다. 대부분 교회에서는 직업을 거룩한 일과 크게 나뉘는 세속적인 일이라고 가르칩니다. 그러나 전혀 그렇지 않습니다. 우리에게 허락하신 일은 거룩한 것입니다. 우리가 하는 일이 최고의 가치를 갖게 만드는 방법은 우리가 하는 모든 일을 구속의 과정으로 승화시키는 것입니다. 이 일이 수단이 되기보다는 자체가 그리스도의 복음이어야 합니다. 복음을 전하는 방법이나 도구 이상의 세상을 구원하시는 하나님의 능력이 드러나는 복음이라는 것입니다.

우리가 하는 일도 하나님의 창조 영역임을 기억해야 합니다. 우리의 일을 구속 시키는 일은 매 순간 일어나야 합니다. 단순히 돈벌이나 명예를 얻기 위한 수단이 아니라 그 가운데서 복음이 나타나야 합니다. 성화되어 거룩해지는 우리의 일을 목격하게 되는 순간 그 일은 더는 세속적인 것으로 생각하지 않게 될 것입니다. 우리의 일을 그리스도의 피로 구속시키십시오. 수많은 미그리스도인이 주님께로 돌아오는 역사가 일어날 것입니다.

●●●

나를 찾아오는 환자에게 늘 강조하는 말이 있는데 그것은 "치료의 주인공은 '의사가 아니라 바로 환자 자신입니다."라는 것입니다. 대부분 병원에서는 마치 의사가 환자의 병을 고친다고 생각하겠지만, 정착 병을 고치려 들면 의사가 할 수 있는 일이 별로 많지 않습니다. 상처를 똑같이 꿰매 놓아도 어떤 사람은 잘 아물지만, 어떤 사람은 합병증이 생깁니다. 다양한 원인을 분석해 보기는 하지만 그 모두를 설명하기엔 역부족입니다. 내공이 쌓일수록 의사라는 직업이 하나님이 하시는 치유의 과정과 회복시켜 주심이 없이는 아무 쓸 데가 없다는 것을 알게 되어 겸허해질 수밖에 없습니다. 의료 행위에 대해 더 많이 그리스도의 피로 구속함을 받을수록 더 훌륭한 의사가 될 것입니다. 존귀한 하나님의 자녀를 돌보는 일에는 의사인 나보다 하나님이 더 전문가이시기 때문입니다.

그리스도의 몸 된 교회

하나님의 우주적인 교회의 머리는 예수님이고 우리는 몸을 구성하고 있는 지체입니다.엡 1:23, 5:23; 골 1:18, 24 그 교회에서 우리는 각자 어느 사람도 같지 않은 나만의 고유한 역할을 감당하고 있습니다. 약하게 보이는 지체는 내가 과연 무엇을 할 수 있겠냐고 의기소침해 할 수 있고 강하게 보이는 지체는 많은 영향력을 미치는 것에 대해 자랑스러워 할 수 있습니다. 하지만 그 중요성은 비교할 수 있는 성질의 것이 아닙니다.

모든 지체가 하나같이 중요하고 소중하다는 것을 설명하기 위해 깨진 유리구슬 이야기를 해 보겠습니다.

> 아주 아름답게 빚어진 커다란 유리구슬이 한 개 있었는데 안타깝게도 바닥에 떨어져 산산조각이 나버렸습니다. 이 소중한 구슬을 만든 주인은 세기도 힘들 정도로 산산조각이 나버린 유리조각들을 하나하나 주워 맞추기 시작했습니다. 밤을 새워가며 여러 날을 수고한 끝에 처음에 만들었던 것과 흡사하게 거의 다 맞추었는데 마지막 한 조각이 없어진 것을 알게 되었습니다. 그 한 조각을 찾기 위해 여러 날을 더 수고한 끝에 결국 그것을 찾았고 마지막 한 조각을 그 자리에 밀어 넣는 순간 유리구슬이 원래의 모습과 비슷하게 복원되었습니다.

눈에 잘 띄지도 않는 그 작은 구슬 조각 하나가 그리스도의 몸 된 교회에는 얼마나 소중한 존재인가를 생각할 수 있습니다. 그 한 조각이 없습니다. 그 구슬 전체가 불완전한 작품으로 남을 수밖에 없는 것입니다. 약하게 보이는 지체가 도리어 요긴하다는 말을 다시 한 번 되새겨야겠습니다.

> 그뿐 아니라 더 약하게 보이는 몸의 지체가 도리어 요긴하고.
>
> 고린도전서 12:22

내 몸에서 새끼손가락 한 개가 없다면 다른 부분이 아무리 온전하여도 나는 장애인이 됩니다. 작고 약하게 보이는 것이지만 그것이 없다면 그리스도의 몸 된 교회를 불완전하게 만드는 요소가 됩니다. 함부로 판단하지 말고 모든 지체를 소중히 여겨야 합니다. 당신이 있으므로 주님의 교회가 더 아름답게 서고 있다고 축복해야 합니다.

●●●

저기 누군가 걸어오고 있으면 그 사람이 누구인지 알아보는 방법은 얼굴을 보는 것입니다. 교회에 수많은 지체가 있지만, 손이나 발을 보고 사람을 알아보지 않듯이 머리 되신 그리스도의 얼굴을 보고 교회인 줄을 아는 것입니다. 내가 아무리 훌륭한 지체라 해도 머리 되신 예수님을 빼고서는 나의 존재가 설명되지 않습니다.

저에게 가르침을 준 형이 어느 날 교회의 지체 개념을 설명하면서 엄지로 귀를 파는 용내를 냈습니다. 새끼손가락이 비록 미미해 보이지만, 귓구멍을 팔 때는 엄지손가락보다 더 유용하다는 것이었습니다. 한참을 웃으면서 이야기를 들었지만, 작다고 무시할 게 아니라는 생각이 들었습니다. 새끼손가락 하나가 없어도 장애인인데, 하물며 하나님이 예수님의 핏값으로 사신 주의 성도는 교회에서 얼마나 소중한 존재일까요? 주안에서 한 형제 된 믿음의 가족들을 사랑하고 섬길 일만이 우리에게 남아 있습니다.

고난은 왜 오는 걸까?

살아 있는 사람이 고통을 느끼지 못한다면 이것은 심각한 문제가 아닐수 없습니다. 한센병 [Hansen's disease, 나병 leprosy] 나균 감염에 의하여 발생하는 만성 전염병으로 성경에 나오는 나병을 말합니다. 을 앓는 병자가 손가락, 발가락이 잘려 나가는 이유는 말초신경의 손상으로 감각이 무뎌져서 통증을 느끼지 못하기 때문입니다. 고난을 겪고 있다는 것은 살아 있다는 증거이기도 합니다. 때로는 죽어 버리고 싶은 심정을 가질 만큼 큰 어려움에 부딪칠 수도 있겠지만, 그것은 유익한 것이며 도리어 나를 유익하게 하시려고 그것들을 허락하신 하나님의 사랑에 감사드려야 합니다.

감사한 것은 하나님께서는 우리가 넘어질 수는 있지만, 땅바닥에 엎드러지게는 하지 않으신다는 것입니다. 거의 바닥을 친 것 같고 더는 헤어 나올 수 없을 것 같이 막막할 때 이 말씀을 떠올려 봅시다.

> 그는 넘어지나 아주 엎드러지지 아니함은 여호와께서 그의 손으로 붙드심이로다.
>
> 시편 37:24

우리를 붙드시는 주님이 계시기에 우리에게는 소망이 있습니다. 어떤 분이 아주 큰 어려움을 당하고 계셨는데 의연하게 이렇게 말씀하시는 것을 들은 적이 있었습니다.

"죽어 봤자 천국인데, 그것보다 더 나쁜 일이 일어나겠어?"

많은 사람으로 말미암아 마음에 큰 상처를 입고 위협을 느끼고 있었는데 자신이 처한 상황이 그렇게 절망스러운 것만은 아니라는 고백이었습니다.

고난은 자신의 죄에 대한 결과로 나타나기도 하고 하나님의 시험으로 허락되기도 합니다. 하지만 어떤 형태의 고난이든 그 일들을 통해 우리는 하나님을 더욱 잘 알아가게 될 것입니다. 질병이나 직장 내에서의 갈등, 가정불화 등 우리가 겪는 어려움은 너무나 많습니다. 이런 상황에 부닥치게 되면 감사가 사라지고 마음은 평온함을 잃게 마련입니다. 고통 가운데 처한 성도는 하나님께 더 간절한 기도를 드립니다. 특히 여러 가지 방법을 다 동원했어도 일이 진척이 없거나 아무것도 할 수 없음을 알고 자포자기하고 싶은 심정일 때 기도가 더 간절해집니다.

주님이 우리 삶의 고통을 허락하시는 것은 결코 우연이 아닙니다. 그것은 바로 하나님이 우리에게 베푸신 최고의 사랑이라고 이해하는 것이 옳을 것입니다. 나중에 돌아보면 그런 과정이 얼마나 유익했었는지를 깨달을 수 있습니다. 결과보다는 과정을 보시는 주님은 그 일의 해결 과정에 개입하기를 원하십니다. 그런 일을 통해 우리와의 친밀한 관계를 회복하기를 원하고 계십니다.

겪는 어려움이 우리의 미련함 때문에 생기는 것이 아니길 기도해야 합니다. 이 어려움이 우리가 주님을 따르려고 지고 가는 십자가로 표현된다면 얼마나 영광스러운 일이겠습니까? 우리의 미련함이 자초한 일이 아니라면 부당하게 고난을 받아도 주님을 따르는 길로 인식하고^{벧전 2:19} 감사할 수 있을 것입니다. 주의 성도라 하면서 어찌 주님의 십자가가 내 삶에 없을 수 있겠습니까?^{마 16:24; 막 8:34; 눅 9:23; 14:27}

● ● ●

의예과 2학년 여름, 의대 기독 학생 수련회는 한센병 환자들이 사는 여수 애양원에서 열렸습니다. 순서 중에 그곳에서 살고 계신 환자분들이 아름다운 찬양도 해 주시고 간증도 해 주셨습니다. 그분들이 우리에게 들려준 메시지는 "고통을 느낄 수 있음에 감사하십시오."라는 것이었습니다. 한센병을 앓는 환자들은 난로에 손을 대도 뜨거운 줄을 모릅니다. 우리를 아프게 하는 것들이 존재한다는 것이 정말 감사한 일입니다. 그로 인해 우리는 더 큰 믿음의 사람으로 자라가며 아버지께 기쁜 자녀가 되어갈 것입니다.

문설주에 피 바르기

아담과 하와가 벗었음을 인지하고 두려워하여 숨었을 때 하나님은 그들에게 가죽옷을 입혀 주셨습니다.^{창 3:21} 가죽옷은 그들이 엮어 입은 무화과 나뭇잎 치마와는 차원이 다른 것입니다. 이것은 인간의 죄를 속하기 위한 첫 번째 희생이었기 때문입니다. 나의 수치를 가리기 위하여 희생이 있었듯이 우리의 삶에서도 하나님의 수준에 이르지 못하는 많은 부분을 회개하고 고쳐 나가기 위해서는 희생을 필요로 합니다.

> 율법을 따라 거의 모든 물건이 피로써 정결하게 되나니 피흘림이 없은즉
> 사함이 없느니라.   히브리서 9:22

 그 희생을 다른 곳에서 찾을 것이 아니라 나 자신을 먼저 드려야 합니다. 내가 희생제물이 된다는 것은 나의 죽음을 의미합니다. 내가 죽은 만큼 나를 위해 돌아가신 주님이 살아나십니다. 자기 죽음은 멸망을 의미하는 것이 아니라 새 생명을 얻기 위한 필수적 단계로서 성화의 삶을 살아가는 그리스도인에게 매우 중요한 개념입니다.

그러므로 형제들아 내가 하나님의 모든 자비하심으로 너희를 권하노니
너희 몸을 하나님이 기뻐하시는 거룩한 산 제물로 드리라 이는 너희가
드릴 영적 예배니라.   로마서 12:1

어렵게 얻은 사랑하는 독자 이삭을 제물로 드리라는 하나님의 명령
에 순종한 아브라함이 이삭을 제단에서 잡으려는 순간 하나님이 그 손
을 막으시고 이삭 대신에 수풀에 걸린 숫양을 준비하셔서 번제를 드리
게 했습니다.창 22:13 믿음의 조상이라 일컬음을 받게 된 아브라함에게도
모리아 땅에 있는 한 산으로 가는 3일 길은 고통의 연속이었을 것이며
마치 자신이 죽는 것 이상의 심한 괴로움을 겪었을 것입니다. 이런 아
픔 없이 하나님이 기뻐하시는 자가 되기는 어려울 것입니다.

하나님께서 이스라엘 백성의 출애굽을 위해 각 집의 처음 난 것을 치
는 무서운 재앙을 내릴 때 그 죽음을 피하는 방법은 어린 숫양을 잡아
그 피를 각 집의 문설주와 인방에 바르는 것이었습니다.출 12:13 내 집의
문설주에 발라진 어린 양의 피를 다른 사람에게 보여 주고 있습니까?
OO교회 교인이라는 명패 하나가 그 피를 드러내긴 역부족일 것입니
다. 그 피를 바르기 위해 누군가의 희생이 필요하고 온몸에 피를 뒤집
어쓰다시피 하며 집 좌우 문설주와 인방에 바르는 수고를 해야 합니다.
우리를 살리기 위해 피를 흘리신 예수님이 계시기에 그 피가 증표가 됨
을 나타내는 일은 아주 쉬운 일입니다. 예수님이 나를 위해 돌아가셨으

니 이젠 우리가 주를 위해 죽을 차례입니다. 롬 6:5, 8; 고후 4:10; 갈 2:20; 골 3:3-4

> 내가 그리스도와 함께 십자가에 못 박혔나니 그런즉 이제는 내가 사는 것이 아니요 오직 내 안에 그리스도께서 사시는 것이라 이제 내가 육체 가운데 사는 것은 나를 사랑하사 나를 위하여 자기 자신을 버리신 하나님의 아들을 믿는 믿음 안에서 사는 것이라.
>
> 갈라디아서 2:20

●●●

그 위험하다는 아프가니스탄에 단기 봉사를 다녀온 적이 있습니다. 북쪽의 시골 마을이었는데, 현지인들이 우리를 대접하기 위해 양을 잡는 현장을 보여 주었습니다. 양은 몇 번 발버둥 치는가 싶더니 큰 소리도 내지 않고 금방 쥐 죽은 듯이 조용해졌습니다. 땅바닥에 흘러내려 고인 붉은 피를 보며 우리를 위해 돌아가신 하나님 어린 양의 보혈을 떠올렸습니다. 구약의 제사장이 제물로 드려진 수송아지의 피를 뿌려 속죄제를 드리듯이 그 피로 나의 죄가 사해지고 생명에 이르게 되는 놀라운 진리를 기억하면서 속으로 흐느껴 울었던 경험이 있습니다. 구원에 이르게 할 내가 가진 피의 흔적이 과연 무엇일까 생각해 보니 내가 지고 따라갈 주님의 십자가뿐입니다:

나는 평안하다?

기도를 해 주려고 기도제목이 무엇이냐고 물으면 요즘은 모든 게 형통해서 특별히 기도할 것이 없다고 하는 분들이 있습니다. 좋은 직장과 집이 있고, 자녀들은 다 공부도 잘하고, 건강에도 특별한 문제가 없다고 합니다. 이런 상황들을 보면서 꼭 부러워할 필요는 없습니다. 도리어 이해할 수 없는 고난을 받으며 어려워하고 있는 사람이 더 행복할 수도 있습니다.

일부러 고난에 처해야 한다는 이야기를 들으면 당장 반발이 생길 것입니다. 예수님 믿고 행복하게 잘 살고 싶은데 고난을 겪으라면 반갑지 않습니다. 그런데 그 고난은 우리가 알고 있는 것과 좀 다릅니다. 왜냐하면 고난 가운데 있으면서도 기쁘고 평안함이 넘치기 때문입니다. 사람들은 이런 우리를 이해할 수 없습니다. 분명히 힘들어 해야 하는데 어려울수록 더 차분해지고 의연하게 문제를 풀어나가며 그 표정은 울상이 아니라 기쁜 미소가 가득하기 때문입니다.

내가 기도할 제목이 없을 정도로 평안하다는 것은 도리어 자신이 주님의 십자가를 제대로 지고 그분을 따라가고 있는가를 돌아보아야 할 징조로 받아들여도 좋을 것 같습니다. 기도는 할수록 더 구할 제목이 많아지게 되고 어려운 일을 겪을수록 더 큰 어려움이 닥치게 마련입니다. 그런 과정을 통해서 우리도 모르는 사이에 있는 아버지 하나님 앞에 장성한 자녀로 서 가는 것입니다.

●●●

한 기독학생회 후배를 만나 식사를 하고 교제를 나눈 적이 있습니다. 그 형제는 성품도 온화하고 매사에 열심인 친구여서 평소에 내가 참 좋아합니다. "요즘 뭐 어려운 일이나 기도 제목 같은 것 있으면 얘기해 봐. 형이 기도해 줄게." 이렇게 물었더니 잘 지내고 있어서 특별히 기도할 만한 제목이 없다고 대답을 했습니다. 그 이야기를 듣고 일장 연설을 늘어놓았습니다. 그리스도인으로 이 땅에 존재하는 것 자체가 고난인데 왜 어려운 일이 없겠냐고 다그치다 보니, 갑자기 선배라고 괜히 가르치려던 자신이 부끄러워졌습니다. 늘 겸손하고 온유한 그 후배에게 도리어 내가 많이 배워야 하는데 말입니다. 성숙한 그리스도인이라면 드러내지 않고 골방에서 진심 어린 마음으로 그 사람을 위해 기도해 줄 것입니다.

성숙의 길, 십자가의 길

우리 삶을 십자가를 빼놓고서는 설명할 수 없습니다. 성숙해 간다는 것은 날마다 십자가를 지고 가는 삶을 말합니다. 바울은 날마다 죽노라고 고백했습니다.

> 형제들아 내가 그리스도 예수 우리 주 안에서 가진 바 너희에 대한 나의
> 자랑을 두고 단언하노니 나는 날마다 죽노라. 고린도전서 15:31

바울은 자랑할 것이 많은 사람이었습니다. 빌립보서 3장에 보면 할례를 받은 베냐민 지파, 히브리인, 바리새인, 종교적 열심, 율법의 의로 흠이 없는 자라고 소개하면서 이 모든 신뢰할 만한 것들을 예수 그리스도를 위하여 배설물로 여긴다는 고백을 하고 있습니다.

> 그러나 무엇이든지 내게 유익하던 것을 내가 그리스도를 위하여 다 해로
> 여길뿐더러 또한 모든 것을 해로 여김은 내 주 그리스도 예수를 아는 지
> 식이 가장 고상하기 때문이라 내가 그를 위하여 모든 것을 잃어버리고
> 배설물로 여김은 그리스도를 얻고. 빌립보서 3:7-8

바울이 자랑한 것은 이런 것들이 아니라 "날마다 죽노라"는 고백이었습니다. 예수님께서는 날마다 십자가를 지고 따라와야 할 것을 우리에게 명했습니다.

> 또 무리에게 이르시되 아무든지 나를 따라오려거든 자기를 부인하고 날
> 마다 제 십자가를 지고 나를 따를 것이니라. 누가복음 9:23

십자가를 진다는 것은 죽음을 의미합니다. 내가 죽지 않으면 내 안에 예수 그리스도께서 사실 수 없습니다. 그분이 더 많이 드러나기 위해서 우리는 더 크고 힘든 십자가를 지고 주님을 따라야만 합니다.

그래서 성도의 삶은 고난이 있기 마련이며 남들이 보기에 힘들어 보일 수밖에 없습니다. 피해도 될 것을 예수님을 따르기 때문에 감당하는 것입니다. 그런 과정을 통해 장성한 분량의 믿음을 가진 자로 성숙해 갑니다. 그렇게 안 살아도 될 텐데 왜 그렇게 사는지 모르겠다고 사람들이 의아해하며 미련하다고 말하기도 할 것입니다. 부당하게 받는 고난도 성도에게는 유익한 것입니다.[벧전 2:19] 주님 때문에 내가 받는 고난은 무엇인가를 늘 되새겨 보면서 내가 지고 있는 십자가가 있는가를 살펴보는 것을 잊지 말아야 할 것입니다.

그런즉 누구든지 그리스도 안에 있으면 새로운 피조물이라 이전 것은 지나갔으니 보라 새 것이 되었도다.　　　　　　고린도후서 5:17

·•·

대전에서 살던 집은 담 안에 꽤 넓은 텃밭이 있었습니다. 보통의 집이라면 정원을 꾸미겠지만, 우리는 그 밭에서 대부분의 식재료를 얻곤 했습니다. 배추, 무 등을 심어 놓은 밭에는 언제나 배추흰나비와 그 애벌레가 있었습니다. 그래서 운이 좋게도 번데기에서 나비가 나오는 신기한 장면을 몇 번이나 관찰할 수 있었습니다.

마치 애벌레가 번데기를 거쳐 아름다운 나비로 변하듯이 자기 죽음을 경험하는 사람들은 또한 소생함을 경험합니다. 이러한 변화는 조금 모양이 변하는 차원이 아니라 완전히 환골탈태하는 것을 의미합니다. 생물학적으로 말하면 종(種: species)이 바뀌는 정도의 변화일 것입니다. 이 새로운 피조물이 되는 경험을 단 한번에 이뤄지는 일회성의 이벤트로 여겨서는 안 됩니다. 우리가 이 땅에서 사는 날 동안 우리는 날마다 죽어야 하고, 날마다 새로운 피조물로 거듭나야 합니다. 고통스럽고 피해가고 싶은 마음이 들다가도 볼품없는 번데기에서 아름답게 변한 나비를 보듯 감사한 마음을 가질 수 있을 것입니다.

완성으로 가는 길

우리 삶의 모든 영역은 하나도 빠짐없이 방향성을 가집니다. 수많은 목표를 세우고 그것을 성취하더라도 또 세워야 할 목표가 있습니다. 그 끝이 보이지 않는 것 같고 인생이 허무하다고 느껴지더라도 궁극적으로 이뤄야 할 인생의 목표는 존재하기 마련입니다. 우리가 이 땅에 존재하는 것도 삶 속에서 그 목표를 이루기 위한 것입니다. 비록 그것이 뭔지 모르고 살아가더라도 하나님은 우리를 그렇게 인도해 나가고 계십니다.

그 궁극의 인생 목표는 바로 '완성'입니다. 완성은 숨을 다하는 날까지 우리 중심의 깊은 곳에서 외쳐야 할 소원이 되어야 합니다. 하나님이 우리를 지으신 창조의 형상은 완벽 그 자체였을 것입니다. 그분은 모두가 이 아름다운 모습으로 돌아가기를 바라셔서 예수 그리스도를 통한 구속의 역사를 이루셨습니다. 새 하늘과 새 땅이 이루어지는 날, 주님이 이루신 참 완성을 경험하며 우리는 감탄하지 않을 수 없을 것입니다.

우리의 삶은 그리스도의 구속을 통해 '완성'이라는 대 전제를 이루기 위해 지금도 흘러가고 있습니다. 그 방향성을 잘 인지하고 그렇게 되도록 우리 또한 항상 애써야 합니다.

●●●

어느 토요일에 열리는 벼룩시장에 갔다가 천 개의 조각으로 된 퍼즐을 사온 적이 있었습니다. 아이들과 머리를 맞대고 그 퍼즐을 맞추기 위해 몇 날 며칠을 고군분투한 끝에 아름다운 그림을 완성했습니다. 마구 흐트러진 조각들을 찾아 하나하나 제자리에 놓아가는 작업의 끄트머리에는 온전한 작품으로의 완성이라는 목표가 있었습니다. 힘들었지만 각각의 조각이 원래 그렸던 그림의 위치대로 자리를 찾아 있는 모습을 보니 마음이 뿌듯했습니다. 완성의 그날 창조의 원형을 회복하신 하나님도 그 멋진 그림을 보시면서 흐뭇해 하실 것입니다. 지금 뒤죽박죽 얽히고설킨 현실을 보면서 낙망하지 말고 완성의 그날에 대한 소망의 끈을 결코 느슨하게 해서는 안되겠습니다.

고난과 고통

1.

내 앞에 하얀 도화지 한 장을 가져다 놓고 펜을 듭니다.
한 점을 찍고 펜 꼬리를 돌려 우아한 곡선을 그리다 보니 또 꽃이 그려
집니다.
무궁화를 닮기도 했지만 아마 이런 꽃은 세상에 없을 겁니다.
눈을 그윽이 감고 냄새를 맡아 봅니다.
진한 잉크 향 저 너머로 아름다움이 느껴집니다.
누군가 나를 툭 친다면 내 입에서 줄
줄 새어나올 말들이 아름다운 향기로
세상을 이롭게 했으면 좋겠습니다.

2.

달음질하는 선수는 푯대를 향해 나아
갑니다.
그 눈이 한 곳에 집중되어 있기 때문

에 옆에서 환호하는 관중을 바라볼 겨를이 없습니다.

심지어는 발바닥에 상처를 입어도 아픈 것조차 느끼질 못합니다.

저 푯대를 넘어서면 달려온 길을 되짚어 볼 수 있을 것입니다.

저는 어느 때부터인가 달리기 시작했습니다.

얼마 남지 않았다는 자각이 밀려오고 마음이 급해지기 시작했습니다.

끝에 거의 다다랐다는 말로 표현 못 할 마지막에 대한 경각심은 이런 나의 행동을 설명하기에 충분하다고 생각하곤 했습니다.

뛰다가 문득 고개를 돌려 보았습니다. 거기에는 제가 봐야 할 많은 것들이 진을 치고 있었습니다.

그리고 지금은 걷습니다. 푯대가 멀어져만 가는 것 같은데, 뛰는 사람보다 더 빨리 그곳으로 가고 있습니다.

3.

눈을 들어 사방을 둘러보았습니다.

수많은 사람이 서 있습니다.

어두운 밤에 등불을 비추듯이 제가 고개를 돌리는 곳마다 강한 빛이 비칩니다.

주마등같이 스쳐 가는 사람들의 얼굴에는 제가 들어야 할 메시지가 적혀 있습니다.

사람들이 나를 부르고 있습니다.

한 사람에게 다가갑니다.

뒤에서도 아우성거리는 소리가 들립니다.

가다 말고 고개를 돌려 봅니다.

저쪽이 더 급해 보입니다.

안타깝지만 방향을 틀어 봅니다.

한참을 이렇게 우왕좌왕하다가 나는 제자리에 주저앉아 버렸습니다.

로뎀나무 아래서 울부짖었던 선지자처럼 하늘을 바라보면서

사람들을 긍휼히 여겨 주시길 기도했습니다.

그날 이후로,

그림자가 없으신 주님처럼 나의 등 뒤에 서 있는 형제에게도 사랑을 베풀 요령을 깨닫게 되었습니다.

4.

나는 참 존귀합니다.

내가 그렇게 한 게 아니라 그분이 그렇게 만드셨습니다.

얼마나 귀한지 나의 가치가 주님과 방불합니다.

그러나 내세울 만한 것은 없습니다.

사람들은 내 겉모습을 보고 손뼉을 칩니다.

그것을 보면서 내 속은 마치 불에 타는 것 같습니다.

나는 오늘도 골방에서 바닥을 두드리며 대성통곡하고 있습니다.

내가 우는 이유는 내가 아파서가 아닙니다.

온통 가시가 돋친 나를 꼭 껴안으시는 주님의 살과 피를 보았기 때문입
니다.

5.

나를 좋아하는 사람들이 있습니다.

그 사람이 나를 더 잘 알게 된다면 실족하고 말 것입니다.

내 목에 매야 할 연자 맷돌을 떠올립니다.

나는 회칠한 무덤이 되고 싶지는 않습니다.

다만 그 형제들이 나 때문에 주님과 멀어진다면 죽고 싶은 심정일 것입니다.

내가 그 사람들과 함께 존재함으로

나는 더 하나님을 알게 되었습니다.

내가 더 그분을 알아갈수록 그들은 내게 이렇게 말합니다.

"당신 때문에 하나님을 더 깊이 알게 되었어요."

6.

고통스럽습니다.

어떤 어려운 일이 나를 짓눌러서 그런 게 아닙니다.

아름답게 지으신 세상이 타락의 결과로 변해 버린 현실 속에

하나님의 자녀로 존재한다는 것만큼 어려운 일은 없습니다.

깊은 영적 체험을 할수록 숨이 막혀 갑니다.

아바 아버지를 외치셨던 예수님의 절규처럼 심장이 쥐어짜는 듯합니다.
아버지의 마음이 내 안에 들어와 가득해짐을 느낍니다.
십자가에 못 박으라는 사람들의 외치는 소리가 흐릿해지면서
한 번도 겪어보지 못한 평안함이 몰려오기 시작합니다.
나는 거룩한 고통을 누립니다.
감사의 눈물을 흘립니다.

7.
형제의 고난은 나를 괴롭게 만듭니다.
원래부터 우리는 하나였기 때문입니다.
형제가 아파할수록 나는 그를 더욱 사랑하게 됩니다.
차라리 내가 그 고통을 모두 내게로 채우고 싶다고 기도합니다.
힘들고 지쳐 외로이 쓰러져 있을 때 두 팔을 벌리시고 다가오셔서 안아
주시는 주님이 나와 형제의 짐을 덜어 주실 것입니다.

Chapter 4

둘을 하나로 합치기

두 갈래 세상

글을 시작하기 전에 몇 가지 질문을 하고 싶습니다. 질문에 대해 각자
답을 해 보시기 바랍니다.

첫째, 한국 교회에 너무 자연스럽게 쓰이는 성직자, 평신도, 예배당
이라는 단어에 대해 어떤 생각이 드십니까?

물론 이 제시된 단어들에 대해 명확한 식견을 가지고 이를 부정할 사
람도 있겠지만 대부분 사람은 별 거부감을 못 느낄 것입니다.

둘째, 당신 앞에 타 종교를 열심히 믿는 사람이 있다면 어떻게 전도

할 것입니까?

독실한 불교 신자를 만난다면 도리어 자신의 신앙이 약해질까 봐 피하고 싶은 사람도 있을 것이고, 이슬람 근본주의자를 만난다면 무서운 사람이라는 선입관 때문에 그 그림자라도 피하고 싶은 사람이 있을 것입니다. 그런 사람들에게는 하나님의 사랑이나 긍휼을 떠올리기보다는 나와는 다른 부류이며 어울리기 어려운 사람들이라는 생각이 먼저 들게 될 것입니다.

● ● ●

처음 신앙생활을 시작한 교회는 대한예수교 장로회 호헌 교단의 개척 교회였습니다. 담임 목사님은 신학교에서 학생을 가르치시던 교수 출신이셨는데, 학문의 깊이가 깊고 세상을 읽는 심안이 탁월한 분이셨습니다. 십여 년 그 교회에서 신앙생활 하면서 세상을 살아갈 가장 근본적인 윤리와 규범에 대해서 확실히 훈련을 받았습니다. 남을 배려하고 섬기는 일에 대해 목사님과 교회의 어른들이 보여 주시는 많은 좋은 본을 보고 배울 수 있었습니다. 한국 보수 교단의 전통적 신앙생활에 대한 기본에 대해서도 많은 교육을 받았는데, 지금 갖게 된 통합적 관점에서 보면 많이 치우진 이분법적인 신앙행위였지만 삶의 기본기를 다질 수 있던 귀한 시기였습니다. 지금 같아서는 그런 교회에 다시 나가기가 어렵겠지만, 인생 여정에 시기별로 꼭 필요한 공동체와 훈련을 베풀어 두신 주님께 감사드릴 뿐입니다.

기능을 상실한 인명 구조소

배의 침몰사고가 자주 일어나는 어느 위험한 해안에 보잘 것 없는 인명 구조소가 하나 있었습니다. 말이 구조소이지 인명구조를 위한 것이라야 다 낡아빠진 소형 보트 한 척밖에 없는 허름한 오두막집에 불과했습니다. 그러나 몇 안 되는 구조요원들은 헌신적인 봉사를 해서 수많은 사람을 구조했습니다. 작고 낡고 허름한 이 구조소는 그래서 점점 유명해져 갔습니다.

시간이 흐르면서, 여기서 구조를 받은 몇몇 사람들과 그 주위에 있는 많은 사람이 자신들의 재산과 시간을 바쳐 구조사업을 지원하기 시작했습니다. 여러 척의 신형보트가 새로 구매되고 새로운 구조대원들이 투입되기 시작했습니다. 당연히 이 구조소도 좀 더 크게 확장되었습니다.

그런데 이 구조소에서 일하는 사람 중 일부가 구조소 건물에 불만을 품게 되었습니다. 구조도 좋지만 구조 받은 사람들이 좀 더 안락하게 쉴 수 있는 공간과 환경을 마련해야 한다고 강하게 주장하기 시작했습니다. 사람이 많아지면서 이전에는 생각도 하지 않았던 편의성과 안락함에 대해 점점 눈이 띄어지기 시작했습니다.

자연히 구조소는 증·개축을 해 나갔고 실내의 모든 시설도 최고급의 자재들로 아름답고 안락하게 가꾸어졌습니다. 당연히 상황이 생기면 구조소로 이용되었지만, 나머지 시간에는 점점 사교클럽이 되어 갔습니다.

언제부터인가 구조소에 들어오는 사람들도 점점 화려하고 멋있는 옷들로 꾸며 대고 있었습니다. 전에 없던 안락함과 편안함에 익숙해진 그들은 구조 자체에는 차츰 흥미를 잃어 갔습니다.

그러니 구조를 위해서는 또 다른 구조 전문요원들을 고용해야 했습니다. 하지만 상황이 발생하여 처참한 모습의 구조된 사람들이 실려 오면 그들이 애써 깔아 놓았던 카펫과 아름다운 가구들이 더럽혀지는 것에 자기도 모르게 인상이 찌푸려지곤 했습니다. 보다 못한 그들은 본 건물 옆에 새로 자그마한 구조소를 다시 만들었습니다. 거기엔 조난당한 사람들, 구조한 사람들만 수용하기로 했습니다. 그 옆의 본 건물에서는 화려한 의상의 회원들이 번쩍번쩍 빛나는 샹들리에 아래에서 잔을 마주치면서 먹고 마시며 춤추고 있었지만 말입니다.

세월이 가면서 그 옆의 자그마한 구조소도 점점 크게 확장돼 갔습니다. 그 구조소 역시 원래의 구조소와 별다를 것 없는 과정을 거쳐 점점 거대하고 웅장하게 그리고 아름답고 멋있게 바뀌었습니다. 그리고는 그 옆에 또 하나의 별채, 아주 허름한 구조용 구조소를 지어놓곤 했습니다. 하지만 그 진짜 구조소 역시 똑같은 순서로 변모해 가고 있었습니다. 자연히 해안가에는 이렇게 화려하고 큰 집과 그 옆의 자그마한 구조소가 딸린 이상한 형태의 건물들이 즐비하게 늘어만 가고 있었습니다.

해안에는 여전히 조난당한 사람들이 끊이질 않았고, 그들은 모두 구조소에 실려 오긴 했지만, 그들이 정작 들어갈 수 있는 방은 언제나 작고 낡고 냄새나는, 그래서 춥고 무섭고 배고픈 구조용 구조소일 뿐이었습니다.(Theodore Wedel, "Evangelism-the Mission of the Church to Those Outside Her Life" *The Ecumenical Review* 1953. 10.)

이 이야기는 현대 교회의 상황을 날카롭게 풍자해 말하는 것입니다. 인명 구조소가 처음 생긴 취지는 사람을 구하기 위함인데 사람들이 그 규모가 커지고 더 체계적이 되면서 도리어 역기능을 경험하게 됩니다. 주님을 향한 예배와 이웃을 사랑하는 것은 너무나 당연하다고 여기면서, 교회를 아름다운 클럽으로 꾸며 사교장을 방불케 하는 일에 대해서는 무감각해지고 있습니다. 무슨 일이 일어나고 있는지조차 모른 채 그 흐름에 휩쓸리다 보니 교회가 교회로서 그 본질적 역할을 잘 감당하지 못하는 것입니다.

갈수록 화려해지고 강당, 카페, 피트니스 센터 등의 문화 공간을 갖는 교회의 모습이 반드시 부정적이지는 않지만 이런 좋은 시스템들이 부작용을 낳고 있다면 그 본연의 역할에 대해서 재고해 보아야 하고 소수의 사람만이라도 다시 제대로 된 인명 구조소를 하자는 외침이 나와야만 합니다.

●●●

신도시에 새로 생긴 교회에서 그 당시 내가 좋아하던 찬양사역자를 모시고 집회를 한다기에 가 본 적이 있었습니다. 교회는 그리 크지 않고 아담했는데 안에 들어가 보고 깜짝 놀랐습니다. 교회라기보다는 소극장에 왔다는 느낌을 받았기 때문이었습니다. 계단식 의자와 현란한 각종 조명 장치 그리고 심장을 울릴 만한 엄청난 음향시설이 있었습니다. 그 교회는 지역주민을 위해 그 공간을 개방하고 문화 사역을 하겠다는 좋은 계획도 갖고 있었습니다. 교회가 시대의 흐름에 따라 이렇게 변하는 것이 좋고 나쁜 것을 떠나서 교회가 가져야 할 본질을 잊지는 말아야겠습니다. 어떤 학자가 세상에서 경험할 고통과 연속되지 않기 때문에 교회에서 사람들을 즐겁게 해 주려고 노력하는 것은 바람직하지 않다고 말하는 것을 들은 적이 있습니다. 십자가를 경험하는 삶이 주일이 아닌 평일에도 교회가 아닌 삶의 터전에도 똑같이 나타나야겠습니다.

삶과 교리의 편향성

한국 교회가 이러한 문제들을 갖게 된 원인을 몇 가지로 설명하기는 어렵지만, 신학교의 신학교육을 한번 생각해 보는 것이 도움이 될 것입니다. 초대 교회의 성도들은 삶 자체가 성경에 기록될 만한 것들이었습니다. 교리를 따질 필요도 없이 예수님의 가르침이 그대로 삶에 배어 있었기 때문입니다. 하지만 그 당시의 학자들은 고대 그리스 철학의 영향을 받아 그 삶에서 교리를 뽑아내어 체계화하고 학문으로 집대성했습니다. 수십 세기에 걸쳐 다듬어지고 확고해진 신학은 이제 명실상부한 학문으로 자리를 잡았습니다. 그런데 문제는 이 교리들이 삶에서 나왔음에도 다시 삶에 반영시키기가 너무 어렵다는 것입니다.

많은 위대한 신학자들이 기독교적 가르침에 관하여 바르게 '생각'했지만 그들의 삶이 반드시 그들의 신념을 반영하지는 못했습니다. 서구의 기독교 신학교에서 이런 편향성을 찾아볼 수 있습니다. 신학생들은 4년 동안 머릿속에 명제적 진리를 쌓아 올린 다음 실제 사역을 위해 지역 교회로 보냄을 받습니다. 마이클 프로스트·앨런 허쉬, 「새로운 교회가 온다」, IVP, 2003, p. 222.

4년 혹은 7년 동안 훈련을 받고 지역 교회에 파송을 받은 목회자들은 그간 배운 학문을 삶에 적용하기 위해 너무나 많은 수고를 해야 하고 그나마 제대로 못 하는 경우가 많습니다. 이 밑에서 배우고 신앙 생활하는 성도들은 나름대로 독특한 신앙의 성격을 형성하게 되는데 이것들이 한국 교회의 문제로 나타날 수 있을 것입니다.

●●●

"서로 사랑하라." 이렇게 말하기는 쉽지만, 서로 사랑하며 살기는 어렵습니다. 서로 사랑하며 사는 모습을 보여 주면서 '이렇게 살아야 한다.'라고 배운 것을 지금은 교리만 남아서 우리를 가르치고 있습니다. 행함이 없는 믿음은 곧 그 자체가 죽은 것이라는 말씀처럼(약 2:17) 행함이라는 열매가 없다면 신앙이라는 그 나무는 죽은 것과 마찬가지입니다. 열매를 맺어야 또 다른 나무가 생길 수 있을 텐데, 모양만 나무 모습을 하고 있다면 하나님이 하시려는 구원 사역에 도리어 방해가 되는 모양새가 되고 말 것입니다.

한국 기독교의 신학

초기 한국 기독교의 신학은 선교사들에 의해 정립되었습니다. 선교사들의 성향에 따라 교단의 성격이 정해졌는데 그 당시 우리나라에 파송된 선교사들도 파송 국에서 삶과 교리의 편향성을 나타내는 신학교 교육을 받았을 것입니다. 초기 선교사들은 청교도적 경건주의 신학을 내세웠는데 장로교의 효시가 된 언더우드는 성령운동을 강조하고 복음주의적 신앙을 강조했으며 감리교단의 아펜젤러는 복음의 구원하는 능력, 사죄에 대한 확신과 감격에 대해 강조했습니다.

제대로 된 한국적 신학의 기반이 부족하고 사회참여를 지양하는 교회의 분위기는 정숙주의 신앙을 강조했고, 지역 사회에 대한 영향보다는 개인 영혼구원에 치중했습니다. 또한 한국 고유의 샤머니즘적 신비주의와 묘한 일치를 이루어 서구의 교회가 국가적, 교회적, 공동체적 개념인데 반해 한국 교회는 개인의 경건주의 신앙으로 흘렀다는 분석이 있습니다. "한국 교회의 신학", http://goo.gl/pYIIvh

•••

처음 교회를 제대로 나가기 시작한 것은 고등학생이던 1984년이었습니다. 그 당시 교회의 분위기는 지금은 상상할 수 없을 정도로 경건하고 엄숙했습니다. 예배 전에 웃고 떠드는 것은 물론 옆 사람과 가볍게 대화하는 것도 어려웠습니다. 교회에서 사용한 악기는 피아노 한 가지뿐이었고 공예배에서 복음성가를 부르는 것은 허용되지 않았습니다. 예배당은 구약의 성소같이 여겨져서 하나님이 임재하는 장소로 생각하고 특히 강대상이 있는 단에는 아무나 올라가지 못했기 때문에 주로 권사님 한 분이 먼지를 닦으러 올라가시곤 했습니다. 교회에 있는 집기와 모든 물건은 성물이라고 해서 함부로 해서는 안 되었습니다.

그 교회에서 많은 것을 배우고 훈련받았지만, 전형적인 성속의 이분법적 교회 공동체를 경험하는 기회였습니다. 아이러니한 것은 청년부를 다닐 때 이원론의 문제점에 대해서 같이 공부하고 토론을 했다는 것입니다. 지금만큼 심각하게 마음에 와 닿지는 않았지만, 30여 년 전에도 이런 고민을 했었다는 것이 신기하기만 합니다. 교회의 이런 문제가 어제 오늘의 일이 아니며 점점 심해지고 있는 게 현실입니다.

언제부터 갈라진 거지?

중세의 교회는 플라톤의 영향 아래 영육이원론을 내세웠습니다. 즉 영혼은 거룩하고 육체는 속되고 더럽다는 개념인데, 이것이 기독교에 나타난 이원론의 효시라고 할 수 있을 것입니다. 또 교회는 거룩하고 육체가 거하는 세상은 부정하다는 교회와 세상의 이원론적 구조를 형성하게 되었습니다. 더 나아가서 성속이원론이 체계화되었는데 세상보다 거룩한 곳은 교회이며 교회보다 거룩한 곳은 수도원이라는 생각에 많은 사람이 제대로 된 신앙생활을 하려고 자처해서 수도원을 향했던 것입니다. 김규옥, "이원론적 신앙생활의 문제점과 대안", KCN 칼럼, http://www.kcnnews.net/bbs/board.php?bo_table=special&wr_id=62. 로마 가톨릭은 사제를 세워 예배를 집전하기 시작했는데 이 영향으로 예배를 위해 구분된 사람들을 성직자라 하고 나머지 일반 대중을 평신도로 나누기 시작했습니다. 성속이원론의 영향으로 성도들은 세상에 대해 그릇된 이해를 하고 있습니다.

> 이 세상이나 세상에 있는 것들을 사랑하지 말라 누구든지 세상을 사랑하면 아버지의 사랑이 그 안에 있지 아니하니.　　　　　　　요한일서 2:15

> 아버지께서 나를 세상에 보내신 것 같이 나도 그들을 세상에 보내었고.
> 　　　　　　　　　　　　　　　　　　　　　　　　　요한복음 17:18

　　대부분 성도는 세상의 의미를 교회의 바깥 공간으로 이해한다는 것입니다. 교회에서 예배를 종료하면서 목사님께서 성도들을 향해 이제 예배가 끝났으니 세상에 보낸다고 선포할 때 대부분 교인은 거룩한 교회에서 하나님께 예배를 드리고 이제 죄로 찌든 직장과 가정 등 자신들의 삶의 터전으로 보냄을 받는다고 이해할 것입니다. 교회가 세상을 거룩한 곳인 교회나 예배당의 바깥 공간이라는 암시를 주기 때문입니다.

요한이 언급한 세상은 지금 우리가 사는 공간을 말하는 것이 아닙니다. 예수님은 자신뿐 아니라 제자들이 사명을 부여받는 사역의 장소로서 '세상'을 언급했으며 요한은 하나님 나라와 대립한 영역, 사단에 의해 대표되는 집합적인 인격체로 묘사했습니다. 이는 하나님이 창조한 우주를 가리키는 것이 아니라 하나님을 대적하는 악한 세력에 의해 통제를 받는 체제를 가리키며 본질상 하나님을 알지도 못할 뿐만 아니라 하나님을 거부하고 대적합니다. 『호크마 종합 주석: 요한복음』, 기독지혜사, 1997.

세상의 성경적 의미는 '하나님보다 더 의지하고 사랑하는 세속주의적 가치'를 말하는 것입니다.

●●●

예배가 끝나면 교인들은 '세상'이라 부르는 곳을 향해 출발합니다. 목사님의 설교를 열심히 듣고 마음에 굳센 결심을 하고 이번 한 주는 더 잘 살아 보겠다고 되뇌입니다. 집과 직장에 돌아와 보니 교회에서 생각한 것이 현실적으로는 쉽지 않다는 것을 실감합니다. 며칠이 지나면 다시 주일을 기다립니다. 교회에 가서 하나님을 만나고 설교도 듣고 마음을 재정비하고 다시 힘을 얻어야 하기 때문입니다. 이렇게 반복되는 생활을 한다면 일주일 중 하루만 신앙인이 되는 셈입니다. 교회도 세상에 속한다는 사실을 기억한다면 더 쉽게 이분법적 사고로부터 자유로워질 것입니다.

루터의 종교개혁

루터는 성속주의와 평신도 성직자를 나누는 로마 가톨릭의 비성경적 문제를 직시하고 개혁을 일으켰습니다. 그 당시 중세사회에서는 제도 교회와 종교 의식을 통해서만 하나님께 나아갈 수 있다고 생각해서 교회나 사제의 영향력은 대단했습니다. 이에 반하여 그가 주장한 것은 만인제사장설입니다. 그는 모든 성도는 대제사장이신 예수님의 공로로 말미암아 하나님 앞에 직접 나아갈 수 있는 하나님의 백성이 되었다고 했습니다. 그리하여 누구나 하나님을 섬길 수 있는 왕 같은 제사장임을 주장했습니다.

또한 믿는 마음으로 행하는 모든 직업이 하나님 앞에서 거룩하다고 역설하며 성직자와 평신도로 구분되는 이원론적 구조를 전면 부인했습니다. 이 때문에 사제나 수사 등의 종교적 지위가 평신도보다 더 높다는 성직우위론의 주장이 뒤집어지게 되었습니다. 그의 이러한 노력은 16세기 이후 부패하고 타락한 중세교회를 전면적으로 개혁했고, 중세의 이원론적 가치체계를 전복하는 데 지대한 공헌을 했습니다.

●●●

장로교의 한 교단 총회가 열리는 자리에서 봉사하는 장로님이 참석한 한 목사님께 "성도님, 이쪽에 와서 앉으시죠." 이렇게 말했더니 그 목사님이 노발대발하면서 "난 목사인데, 성도라뇨?"라고 했다는 이야기를 들은 적이 있습니다. 성도라는 호칭은 우리에게 아주 영광스러운 것입니다. 성도의 영어표현은 saint인데 '성도 김철수'라고 불려진다면 중세의 훌륭했던 수많은 성인과 같은 호칭을 받는 것이니 얼마나 대단한 것입니까? 어떤 교회에서는 교회의 모든 구성원을 '성도 아무개'라고 부르는 곳도 있고, '성도 아무개 목사', '성도 아무개 집사' 이렇게 부르는 곳도 있다고 합니다. 목사라는 직함은 역할을 말하는 것이지 계급이 아닌데, 스스로 '섬기는 종'으로 자처하면서 어른 대접을 받으려 한다면 앞뒤가 맞지 않습니다. 지각 있는 많은 목사님이 이런 인식을 하고 평신도나 중직자 등의 단어를 지양하고 모든 성도를 귀하게 여기는 모습은 참 본받을 만합니다.

교회가 가르치는 성속

교회에 존재하는 성속의 개념 몇 가지를 열거하면 다음과 같습니다.

거룩	세속
하나님 말씀(신학)	세상의 학문
교회, 예배당(건물)	세상
성직, 교회 봉사	직업, 학업
성직자	평신도
주일	평일

교회는 성도들에게 종교 개혁 이후 타파된 이원론의 잔재를 다시 가르치고 있으며 이런 현실을 도리어 교회의 안정적인 구조 유지를 위한 수단으로 활용하고 있습니다. 예배당이라는 용어는 교회를 예배 드리는 처소로 이해하며 구약시대의 성전과 동일시하는 개념입니다. 구약 시대의 성전을 세우는 일은 그리스도의 부활 사건으로 말미암아 이제 필요가 없어졌습니다. 예수 그리스도께서 십자가에서 운명하는 순간 성소의 휘장이 위에서부터 찢어짐으로 이제는 제사장 직분을 가진 모든 성도는 지성소를 목격하는 예배에 참여할 수 있게 되었습니다. 이 성전을 헐라고 말씀하신 예수님의 말씀에 역행해서 성전을 세우기를 힘쓰는 교회가 성경적이라고 말하기는 어렵습니다.

성직자와 평신도의 구분 또한 종교개혁 이전으로 돌아가는 현상으로 설명할 수 있습니다. 성직이라 부르는 목회자는 지체의 역할을 말하는 것이지 계급은 아닌데 교회에서는 여전히 당회장, 부목사, 장로, 권사, 안수 집사, 서리 집사, 권찰 등의 서열이 매겨지고 특히 신학교 출신의 목회자는 교회 내에서 최고의 영향력을 행사하고 있습니다. 서로의 역할을 존중하며 서로 협력하여 아름다운 교회를 만들어 가는 교회의 리더십이 절실합니다.

교회는 성도에게 교회에서 봉사하도록 권유하면서 교회에서 하는 봉사는 거룩한 것이며 직업은 세속적이라는 개념을 심어 주고 있습니다. 심지어는 각자가 지닌 직업에 소홀히 하면서까지 교회 봉사에 열심을 내는 모습이 나타나기도 하는데 교회는 굳이 이런 현상을 말리려 하지 않습니다. 도리어 이런 성도를 열심 있는 신앙인의 모범으로 삼으려 해서 세상의 직업과 교회의 봉사가 더욱 양분화의 길에 서게 됩니다.

학문에 대해서도 마찬가지입니다. 하나님은 세상의 모든 학문의 주인임에도 교회는 신학만이 하나님의 학문이라는 견해를 고수하고 있습니다. 자연과학, 예술, 문학, 언어, 철학 그 어떤 것도 주님의 영역이 아닌 것이 없음에도 신학만 붙들고 하나님의 학문을 운운하니 어처구니가 없는 일입니다. 기독 과학자들로 구성된 창조과학회라는 단체가 하나님의 창조를 과학적으로 증거하려고 노력하듯이 넓은 시각으로 하나님의 피조 영역을 구속하는 노력이 전 학문에 골고루 나타나야 합니다.

"성도 여러분! 기도를 드릴 때 하나님의 전에 나와 기도하시면 하나님께서 더 잘 들어주십니다."

"세상의 직업보다 더 가치가 있는 일이 교회에서 하나님께 봉사하는 것입니다."

"평일 내내 세상에서 찌든 영혼이 주일을 거룩하게 지켜서 말씀을 충전하고 새 힘을 얻어 다시 세상에 나가야 합니다."

교회에서 흔히 들을 수 있는 말들인데, 다시 한 번 이런 말들에 대해 재고를 해 봐야 할 것입니다. 김규욱 목사는 포괄적인 세계관에 의해

삶의 전 영역이 하나님을 배우고 경외하는 신앙생활이요 예배생활이라
는 기독교 진리의 확산이 너무도 절실하다고 주장하고 있습니다. 김규욱, "이
원론적 신앙생활의 문제점과 대안", KCN 칼럼, http://www.kcnnews.net/bbs/board.php?bo_table=special&wr_id=62. 성속을 논
하며 교회와 세상을 구분 짓는 우리의 신앙 행위는 이런 관점에서 보면
얼마나 졸속한 것인지를 쉽게 알 수가 있습니다.

●●●

본과 1학년 때 들었던 원종수 박사님의 간증 테이프 중에 세상의 지식
이 들어가기 전에 성경을 읽었다는 말이 인상적이어서 한동안 공부를
시작하기 전에 성경을 한두 장씩 읽었던 적이 있었습니다. 그때만 해도
성경과 신학만이 하나님의 학문이고, 의학은 세속적인 것이며 하나님의
일을 하기 위한 도구 정도로만 생각했었습니다. 내가 공부했던 학문을
완전히 하나님 것으로 인정해 드리고 구속할 수 있었다면 좀 더 제대로
된 의사가 되었을 텐데, 많은 아쉬움이 남습니다.

세상과 다르지 않다

우리가 교회에서 듣는 세상에 대한 영향력은 세속적인 성공주의와 별
반 차이가 없다고 해도 과언이 아닙니다. 목사님들은 성도들을 향하여
좋은 학교와 좋은 직장에 들어가도록 기도하고 돈도 많이 벌고 사회

적 지위도 높아지기를 축복합니다. 믿음생활을 잘 하면 만사가 형통하다는 공식을 입증하기 위해서 애쓰는 것처럼 말입니다. 그중에서 가장 흔하게 들어볼 수 있는 말이 세상에 대한 영향력 있는 위치에 서라는 것입니다. 이왕이면 다홍치마라고 높은 직위에 오르거나 많은 재물을 갖는 것이 복음을 전하기가 쉽다는 논리입니다.

그러나 세상에 대한 영향력은 내가 가진 재물과 권력으로 이루는 것이 아닙니다. 어찌 보면 이러한 관점은 그리스도인이 세상을 따라가기 위한 자기 합리화일 수도 있습니다. 세상에 대해 영향력을 끼치는 것은 내가 아니라 바로 주님이시기 때문입니다. 내가 뭔가를 해내고 있다고 생각할 때 주님은 그 자리에 안 계십니다. 우리는 철저하게 다른 가치관을 갖고 세상에 맞서야만 합니다. 겸손히 그분의 역사를 바라며 내게 맡겨 주신 일에 충성하는 일만 우리 앞에 놓여 있습니다.

하나님을 믿고 주를 따르는 신앙인도 세상의 가치관과 똑같은 성공을 이루려고 애를 씁니다. 자녀가 좋은 대학에 진학하고 부와 명예를 누리길 간절히 바라는 마음으로 과도한 교육열을 보이기도 합니다. 치열한 경쟁 속에서 남을 밟고 올라서지 않으면 생의 패배자처럼 여겨지는 절박함 속에서 무엇을 얻으려고 하는지, 그것이 우리의 삶에 어떤 의미가 있는지도 모른 채 발버둥을 칩니다.

학교에 진학하거나 직장에 취업하는 문제도 어디에 가서 무엇을 하느냐에 대한 것 이전에, 그러한 결과물이 나오는 과정에서 얼마나 하나님이 개입하셨는가에 관심을 두어야 합니다. 진정한 세상에 대한 영향력은 우리에게서 나오는 것이 아니라 주님에게서 나오는 것입니다. 우리의 능력이 얼마나 대단하기에 세상을 변화시킬 수 있다고 자신 있게 말할 수 있겠습니까? 그것은 주님의 몫이며 우리는 다만 순종할 뿐입니다.

이러한 현상들을 보면 한국인의 정서에 배어있는 성공주의가 교회에서도 그대로 적용되고 있는 것 같습니다. 하나님의 자녀가 성공하는 길은 세상이 알아주는 권위와 부에 있는 것이 아닙니다. 가장 훌륭한 성공은 말할 것도 없이 바로 하나님의 성공입니다. 하나님이 성공하시면 그 자녀 또한 성공의 반열에 이르게 됩니다. 성공에 대한 성경적 가치는 세상이 바라보는 그런 관점이 아니라 하나님과의 관계가 얼마나 잘 회복되어 가는가에 있다는 것을 명심해야 합니다.

●●●

날씨 좋은 토요일에 인근의 교회 성도들과 교회 대항 축구 경기를 했습니다. 그 경기에서 이기면 받게 되는 상품은 꽤 좋은 것이었고, 교회의 명예도 걸려 있어서 다들 최선을 다해 운동장을 뛰어다녔습니다. 응원하던 성도들은 각자 자신의 교회 팀이 이기도록 기도했습니다.
각각 우리 편이 이기게 해 달라는 기도를 들으신 하나님은 과연 어느 편의 기도를 들어주셨을까요?

우리 편이 이기게 해 달라고 한 기도 자체가 난센스입니다. 하나님은 신앙심이 더 깊고, 간절히 기도한 팀이 이기도록 돕지만은 않으실 것입니다. 하나님이 보시는 관점은 그 게임을 준비하고 진행하는 동안 사람들이 얼마나 하나님을 의지하고 맡기며 그분과 친밀한 관계를 형성하는지에 대한 것이지 어느 팀이 이길 것인가에 관심이 있으신 것이 아닙니다. 하나님께는 이긴 팀도 진 팀도 없으며, 다만 그 과정을 통해 각 성도가 더 성숙해지는 성공을 이루길 바라고 계신다는 것입니다.

내가 이루어야 할 성공

그리스도인이 '당신은 성공하기를 원하십니까?' 이런 질문을 받는다면 생각이 복잡해집니다. 성공하길 원한다면 세속적이지 않느냐는 비판을 받게 될 것이고, 원하지 않는다고 하면 솔직하지 않다고 비난을 받을 것이기 때문입니다. 그러나 이 질문에 대한 대답은 명확합니다. 우리는 반드시 성공해야 합니다. 성공적인 삶을 살아야 합니다. 문제는 어떤 성공을 이루어야 할 것인가가 중요하다는 것입니다. 각자 자신이 바라는 성공에 대한 정의가 있겠지만 정작 우리가 바라고 이루어야 할 성공은 따로 있습니다.

85세를 일기로 하늘나라로 가신 한국의 슈바이처 장기려 박사는 아름다운 일화를 많이 남기셨습니다.

> 어느 해 정월 초하룻날 아침, 일찍 박사님 곁에서 자고 난 아끼고 사랑하던 제자 손동길 씨가 잠자리를 정돈하고 먼저 세배를 올렸습니다. 박사님은 그 따뜻한 미소를 머금고 "금년엔 날 좀 닮아서 살아 봐." 하고 덕담을 주셨습니다. 박사님의 큰 사랑에 어리광을 잘 부리던 제자는 "선생님 닮아 살면 바보 되게요."라고 했습니다. 박사님은 껄껄 웃으시며 "그렇지. 바보 소리 들으면 성공한 거야. 바보로 살기가 얼마나 어려운 줄 아나?" 하고 대답했습니다.

장기려 박사는 세상에서 바보로 사는 것이 성공이라고 했습니다. 세상에서 바보가 된다는 것은 세상적이지 않다는 것입니다. 즉 세상의 규칙을 따르지 않고, 사람들이 미련하다고 할 만한 다른 법을 따르기 때문입니다. 성공에 대한 그리스도인의 올바른 가치관은 명확하게 정립되어 있어야 합니다.

그리스도인이 추구해야 할 성공은 세상의 것과는 달라야 합니다. 세상이 추구하는 재물과 권력과 명예를 추구하는 것도 아니고 그렇다고 사람들 앞에 선한 사람이 되어 칭찬을 듣고 신앙도 좋은 사람이라는 평판을 듣는 것도 아닙니다. 내가 추구해야 할 성공은 '하나님의 성공'을 이루기 위해 노력하는 것이 되어야 합니다.

●●●

병원 신우회 모임에서 리더로 섬길 때였습니다. 매주 모임을 가졌는데 처음 나오는 직원이 있으면 간단하게 자기를 소개하는 시간을 갖곤 했습니다. 또 가끔 이런 질문을 하기도 했습니다.

"자매님은 어떤 성공을 이루길 원하시나요?"

이 질문에 저마다 자신의 소신에 맞게 다양한 대답을 합니다.

"저는 열심히 일하고 많이 배워서 이 분야의 전문가가 되고 싶어요."

간호사의 당찬 대답이 아주 시원시원하니 듣기가 좋았습니다. 그 자매가 생각하는 성공은 자신이 맡은 업무에서는 최고가 되고 싶다는 야무진 꿈이었습니다.

어떤 자매는 이렇게 대답합니다.

"환자들을 사랑하고 섬기는 따뜻한 간호사가 되고 싶습니다."

이 또한 그리스도인이라면 할 법한 좋은 대답이 될 수 있습니다. 어떤 형제는 솔직하게 돈을 많이 벌었으면 좋겠다고 말하기도 하고, 어떤 분은 어떻게 감히 하나님께 내 필요를 위해 기도할 수 있겠냐고 말하면서 좋은 신앙을 가진 직장인이 되길 소망한다고 꿈을 말하기도 합니다. 사람마다 성공에 대한 다양한 가치관이 있습니다. 모두 존중해 주어야 할 귀한 생각이겠지만 그 가치가 세상의 것과는 명확하게 구분되는 것이었으면 좋겠습니다.

하나님의 성공

우리가 이뤄야 할 성공은 내 성공이 아니라 하나님의 성공이어야 합니다. 하나님이 바라시는 성공에는 몇 가지 특징이 있습니다.

첫째, 하나님의 성공은 표현하기가 어렵습니다.

하나님의 관점에서 바라보는 성공이란 하나님의 헤아림으로만 알 수 있습니다. 인생의 경주를 마친 후에 사람들이 나에게 성공했다고 평가를 한다면 그것은 보이는 빙산의 일각에 지나지 않을 것입니다. 아무리 생각해도 성공을 했느냐를 나타내는 척도를 발견해 내기는 어렵습니다. 그러므로 사람의 관점에서의 성공이 바로 하나님의 성공이라고 한다면 얼마나 우매한 일일지 생각해 봅니다. 하나님의 성공은 사람에게 평가되지 못할 고유한 영역을 지닙니다. 따라서 눈에 보이는 결과들로 형제를 판단하며 평가해서는 안 될 것입니다.

둘째, 하나님의 성공은 일의 성취가 아니라 관계에 있습니다.

흔히들 내가 주를 위하여 무엇을 할까 어떻게 사람들에게 좋은 영향을 미칠까 고민을 하는데, 문제는 그 고민의 주체가 하나님이 아니라 바로 나 자신이라는 것입니다. 분명히 하나님의 영역임에도 내가 열심히 하면 뭔가를 해낼 수 있을 것 같은 착각에 빠져서 나의 뛰어난 영성과 믿음이 주님의 일을 감당하게 했다고 말하게 됩니다. 이 모든 일을 주님이 하셨다는 것을 너무나 쉽게 잊곤 합니다. 하나님이 그 일을 못하셔서 나에게 맡기신 것인가 아니면 나의 유익을 위해 나에게 허락하신 것인가? 하나님은 그 일을 통해서도 관계를 맺길 원하십니다. 하도 사람들이 주님 앞에 나오지 않기 때문에 그렇게 해서라도 관계를 맺길 원하시는 것입니다.

셋째, 하나님의 성공은 사랑으로 표현됩니다.

이 세상에 있는 가장 통합적인 것을 꼽으라면 그것은 사랑입니다. 그 사랑 때문에 예수님이 십자가를 지셔야 했고, 그 사랑 때문에 우리가 아버지께로 돌아올 수 있었습니다. 하나님이 지금이라도 낙원에서 자녀 된 우리와 가장 좋은 시간을 보내시길 원하시지만, 아직 채워야 할 사랑이 남아 있기에 우리에게 사랑할 사명을 주시고 이 땅에서 살아가게 하셨습니다. 우리가 가장 성공하는 길은 받은 그 사랑을 흘러넘치게 하는 것입니다. 모든 은사 가운데 제일은 사랑입니다. 내 의지가 아니라 이미 겪은 사랑에 감격하여 차고 넘치는 사랑이 되려면 내 죽음이 선행되어야 합니다.

넷째, 하나님의 성공은 십자가를 통해서 이루어집니다.

사도 바울의 가장 큰 자랑을 기억합니까?

> 형제들아 내가 그리스도 예수 우리 주 안에서 가진 바 너희에 대한 나의
> 자랑을 두고 단언하노니 나는 날마다 죽노라.　　　　고린도전서 15:31

바울도 자랑을 했습니다. 그 자랑의 내용은 분명히 우리가 바라는 성공과 같은 내용이어야 할 텐데, 놀랍게도 "날마다 죽노라."라는 것이었습니다. 예수님이 이미 지신 십자가는 얼마나 큰 위안이 됩니까? 그분의 몸소 실천함이 있었기에 우리는 너무나 쉽게 내가 지고 가는 십자가를 이해하게 되었습니다. 예수님은 "누구든지 나를 따라오려거든 자기를 부인하고 자기 십자가를 지고 나를 따를 것이니라.[막 8:4]"라고 부탁했습니다. 이 말을 들을 때 제자들은 그 말씀의 의미를 충분히 깨닫지 못했을 것입니다. 자기 죽음을 통해 우리는 성공에 이르게 됩니다. 내 몸을 쳐 복종케 함이 있어야 합니다.

우리가 바라야 할 진정한 성공은 사람들의 눈에 있지 않고 바로 하나님 속에 들어 있습니다. 하나님을 빙자한 나를 위한 성공을 내어버리고 이제는 정말 하나님의 성공을 위해 살아야 할 것입니다. 사람들이 나를 알아주지 않더라도 감사하고 기쁨이 충만한 사람의 어깨에는 늘 십자가가 얹혀져 있습니다. 그 사람을 향해 미련하다고 하지 말고 나 자신

을 돌아봅시다. 예수님이 십자가를 지셨을 때에도 사람들은 예수님에게 온갖 야유를 보내고 조롱하지 않았던가요?

●●●

나의 전문분야는 복강경 수술입니다. 임상강사를 마치고 종합병원에 봉직의로 처음 부임하자마자 단시간 내에 수백 건의 충수절제술을 했습니다. 지금은 보편화가 되어 있지만, 그 당시에는 복강경으로 그 수술을 하는 의사는 많지 않았던 것 같습니다. 또한 복강경으로 대장암 수술, 담도절제술, 비장절제술, 위 수술, 탈장 수술 등 다양한 수술을 성공적으로 감당했는데, 외과의 거의 모든 영역의 수술을 복강경으로 했다고 해도 과언이 아닐 정도였습니다. 합병증 발생률도 매우 낮아서 직원들 사이에 수술 잘하는 의사로 좋은 평이 나 있었습니다.

그런데 갑자기 선교사가 되기 위해 직장을 관둔다니 많은 분이 의아해했고, 다시 한 번 생각해 보라고 권면하기도 했습니다. 선후배나 교회 성도들이 좋은 직장을 포기하고 선교사가 된 것을 부러워했습니다. 사람들은 내가 남들이 부러워할 만한 외과의사로서 또한 신앙인으로서의 성공을 이루어 가고 있다고 생각했겠지만, 정작 내 마음 깊은 곳에서 우러나오는 진정한 성공은 다른 것이었습니다. 선교사가 되려는 것조차도 나의 성공을 이루는 것이어서는 안 됩니다.

성공으로서의 관계 회복

관계의 회복은 하나님과 이웃과 그리고 우주 만물과의 사이에서 일어나야 합니다. 가장 중요한 것은 하나님과의 관계의 회복입니다. 하나님이 아담을 지으신 이유가 무엇일까 생각해 보았습니다. 아담은 다른 동물들과는 달리 하나님께서 직접적으로 부여하신 '생기'로부터 생명이 생겨나고 전인적으로 지어졌습니다. 온 천하 우주에 부족함이 없으신 분이 아담을 필요로 했던 이유는 그와 교제하기 원했고, 그를 통해서 영광 받으시길 원했던 것입니다. 내가 살아 존재하는 동안 가장 힘써야 할 성공은 바로 하나님과의 관계가 아담과 같이 친밀해지는 것에 있다고 봐야 합니다. 그것이 해결된다면 덤으로 지혜도 주실 것이고 능력도 주셔서 맡은 일을 잘 감당할 뿐더러 사람들을 전인적으로 살리는 일을 해내게 하실 것입니다.

두 번째의 회복은 이웃과의 관계에서 일어나야 합니다. 하나님은 예수 그리스도의 피를 통해 우리로 하여금 화평하기를 원하고 계십니다.

> 이제는 전에 멀리 있던 너희가 그리스도 예수 안에서 그리스도의 피로 가까워졌느니라 그는 우리의 화평이신지라 둘로 하나를 만드사 원수 된 것 곧 중간에 막힌 담을 자기 육체로 허시고.　　에베소서 2:13-14

온갖 죄악과 피로 물든 세상에서 우리는 서로 경쟁하고 남보다 우월한 위치를 차지하기 위해 원수가 되는 것을 꺼리지 않습니다. 모든 욕심을 내어버리고 내 주변의 모든 이웃과 사랑하며 섬기는 관계로 회복되어야 합니다.

세 번째의 회복은 자연과 온 우주 만물과의 관계에서 일어나야 합니다. 우주와 그 가운데 있는 만유를 지으신 하나님은 그 모든 것의 주인이시며 우리에게는 "땅을 정복하고 모든 생물을 다스리라."고 명했습니다. 우주 만물을 하나님의 것으로 인정해 드리며 관리자로서의 책임을 다할 수 있는 관계의 회복이 일어나야 합니다.

이제부터라도 우리가 추구해야 할 성공의 근본을 다 갈아엎고 관계의 회복이라는 하나님의 것으로 다시 흙갈이를 해야겠습니다.

● ● ●

통계청에서는 10년 단위로 종교현황을 조사해서 발표하는데 2005년 5월에 발표된 자료에 따르면 10년 전과 비교했을 때 개신교인은 861만 명으로 1.4% 감소했고, 반면 천주교인은 514만 명으로 74.4% 증가했습니다. 사람들이 교회를 떠나 천주교로 가는 이유에 대해 미래목회포럼에서 최현종 박사가 발표한 내용을 보면 종교적 성스러움(62.6%), 신뢰성 및 청렴성(51.9%), 사회봉사 이미지(46.5%), 덜 부담스러운 분위기(46.5%), 다른 종교에 대한 열린 태도(34.2%), 제사 및 주초문제(35.3%) 순으로 나타났습니다. [미래목회포럼, http://www.miraech.com/index.html, 보도자료, 시사 이슈 따라

잡기, "개신교를 떠나면 천주교로 간다".) 이는 개신교가 하나님을 믿는 신앙의 진실성이 부족하고 이웃과 사회에 대한 관심이 적어 교회 밖에 대해 미치는 영향력이 미미한 결과라고 할 수 있습니다. 2015년 종교 통계가 나오면 교계는 또 한 번 매우 놀랄 것입니다. 천주교는 무서운 속도로 부흥하고 있지만 도리어 기독교는 쇠퇴하고 있기 때문입니다. 개인의 성공이 모여서 공동체의 성공이 이루어집니다. 교회의 심각한 현실을 체감하고 관계의 회복이라는 성공을 위해 모두 노력해야 할 때입니다.

거룩한 곳의 거룩한 자

사람들에게 "당신이 거룩한 사람입니까?"라고 물으면 시원하게 대답하지 못하고 주저주저하는 경우가 많습니다. 하지만 성경은 우리가 거룩한 자라고 분명히 말하고 있습니다.

> 이 뜻을 따라 예수 그리스도의 몸을 단번에 드리심으로 말미암아 우리가 거룩함을 얻었노라.
>
> 히브리서 10:10

> 오직 너희를 부르신 거룩한 이처럼 너희도 모든 행실에 거룩한 자가 되라 기록되었으되 내가 거룩하니 너희도 거룩할지어다 하셨느니라.
>
> 베드로전서 1:15-16

너희가 내게 대하여 제사장 나라가 되며 거룩한 백성이 되리라 너는 이 말을 이스라엘 자손에게 전할지니라. 출애굽기 19:6

사람들이 너를 일컬어 거룩한 백성이라 여호와께서 구속하신 자라 하겠고 또 너를 일컬어 찾은 바 된 자요 버림 받지 아니한 성읍이라 하리라. 이사야 62:12

우리가 자신을 스스로 거룩하다고 말하기는 송구스러운 일이지만 그 근본이 나에게 있지 않고 하나님께 있다는 것을 명백하게 알아야 합니다. 하나님은 예수 그리스도를 통해서 우리를 거룩하게 하신 것입니다. 성경에 거룩한 땅이니 네 발에서 신을 벗으라는 내용의 성경 구절은 두 군데가 있습니다.

하나님이 이르시되 이리로 가까이 오지 말라 네가 선 곳은 거룩한 땅이니 네 발에서 신을 벗으라; 주께서 이르시되 네 발의 신을 벗으라 네가 서 있는 곳은 거룩한 땅이니라. 출애굽기 3:5; 사도행전 7:33

여호와의 군대 대장이 여호수아에게 이르되 네 발에서 신을 벗으라 네가 선 곳은 거룩하니라 하니 여호수아가 그대로 행하니라. 여호수아 5:15

하나는 시내 산에서 모세에게 말씀하신 것이고 다른 하나는 가나안 땅에 선 여호수아에게 하신 말씀입니다. 우리가 신을 벗어야 할 땅은 시내 산과 가나안 땅만은 아닙니다. 거룩한 땅은 어떤 특정한 장소를 일컫는 것이 아니라 거룩한 사람이 서 있는 곳을 말합니다. 즉 내가 서 있는 바로 이곳이 거룩한 땅이라는 것입니다. 만약 교회나 기도원만이 거룩한 곳이라 고집한다면 우리는 하나님을 만나기 위해 반드시 그런 곳을 찾아야만 할 것입니다.

가정, 직장, 학교, 일터 등의 모든 삶의 터전은 우리를 거룩하다고 하신 하나님 때문에 거룩한 땅이 됩니다. 이곳에서 우리는 신을 벗고 하나님을 경배하고 예배해야 하며 이곳이 거룩하다는 선포에 합당한 곳

으로 회복될 수 있도록 애써야 합니다.

●●●

내가 아는 한 집사님은 믿음을 갖기 시작한 지 몇 년 되지 않았지만, 하나님의 은혜로 얼마나 놀랍게 신앙이 성숙했는지 모릅니다. 이분이 처음 신앙생활을 할 때에는 기도를 많이 할 양으로 기도원을 찾곤 했다고 합니다. 그러나 수년이 지난 지금은 자신의 방 침대 모퉁이 옆에서 조용히 앉아 간절히 기도하는 것이 매우 좋아졌다고 합니다. 날마다 한 시간이 넘도록 많은 사람을 위해 중보기도 하시는데 그 기도를 들어주시는 하나님의 역사를 들어보면 절로 하나님을 찬양하게 됩니다. 많은 교회의 지도자들이 성도에게 교회에 와서 기도하라고 권하고 있지만, 자신의 골방을 정해 놓고 이렇게 진실한 기도를 통해 하나님 앞에 나간다면 어느 곳이나 거룩한 장소로 여길 수 있게 될 것입니다. 삶의 모든 터전이 거룩해지려면 각각의 장소에서 하나님의 임재를 경험해야만 합니다.

Chapter 5

복음이 드러나는 삶

구원은 주님이

집회나 강의가 있을 때마다 모인 분들에게 꼭 내는 퀴즈가 하나 있습니다. 여러분도 한번 이 퀴즈를 풀어 보시기 바랍니다.

예수님을 믿지 않는 길동이에게는 네 명의 친한 그리스도인 친구가 있었습니다.

◆ 철수: 맛있는 먹을거리가 생기면 잊지 않고 길동이를 챙겼습니다.

◆ 영철: 가끔 길동이를 만나 어려운 문제가 있는지를 묻고 격려해 주고 위로해 주었습니다.

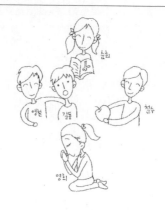

◆ 영희: 길동이의 구원을 위해 잊지 않고 날마다 골방에서 기도했습니다.

◆ 순희: 어느 날 길동이를 찾아가 예수님을 믿으라며 복음을 전했는데, 그는 놀랍게도 그 자리에서 예수님을 구주로 영접하겠다고 고백했습니다.

이제 여러분께 질문하겠습니다.

"여기 네 명의 친구 가운데 누구 때문에 길동이가 예수님을 믿게 되었을까요?"

여러분은 누구 때문이라고 생각합니까? 많은 사람이 복음을 전한 순희나 골방에서 기도한 영희를 지목합니다. 생각이 좀 깊으신 분은 모두가 정답이라고 말하기도 합니다. 그러나 '누구 때문에'라는 질문의 정답은 바로 '하나님'입니다. 하나님만이 구원 사역의 절대 주권자이시기 때문입니다.

> 너희는 그 은혜에 의하여 믿음으로 말미암아 구원을 받았으니 이것은 너
> 희에게서 난 것이 아니요 하나님의 선물이라.　　　　　　에베소서 2:8

그럼에도 우리 교만한 인간들은 자신 때문에 몇 명 몇 명이 구원을 받았다고 숫자를 세고 있습니다. 우리가 기뻐해야 할 것은 이러한 하나님의 구원 사역에 우리가 다양한 형태로, 조금이나마 쓰임 받음으로 주님의 사역에 동참했다는 사실 자체입니다.

여기서 제시한 중보기도나 사랑의 섬김 등은 한 사람의 영혼을 구원하는 데 있어서 매우 중요한 요소들입니다. 이러한 요소들이 다 모여서 한 작품을 만들게 되고 그 위에 하나님께서 구원의 역사를 베푸십니다. 한 친구 길동이를 살리시기 위해서 사랑의 하나님은 주변에 그 사람들을 두셨습니다.

또한 그의 친구 각 개인은 한 사람 길동이를 위해서만 존재하는 것이 아닙니다. 섬기고 기도하고 전도할 대상을 내게 두신 것 또한 하나님의 섭리이며 은혜를 주실 기회입니다. 결국 나를 유익하게 하시려고 내가 섬겨야 할 사람이 내 앞에 있는 것입니다. 이렇게 하나님은 모두를 유익하게 하시는 한량없는 사랑을 베푸시는 분입니다.

학창 시절 주일 오후에는 병원 교회에 가서 봉사를 하곤 했습니다. 예배는 병원의 로비에서 드렸기 때문에 몇 시간 전에 미리 가서 의자를 정돈하고 병실을 방문하여 환자분을 모시고 내려와야 했습니다. 휠체어를 타고 오시거나 침대채 내려와서 예배 드리는 모습은 감동적이었습니다. 예배 후에는 원상태로 정리해 놓은 후에 삼삼오오 짝을 지어 병실을 방문하여 환우들에게 전도하곤 했습니다. 한번은 찬양 한 곡을 하고 할머니 한 분에게 다가가 손을 잡아 드렸는데, 전도지를 펴지도 않았음에도 눈물을 글썽거리면서 "이제부터 예수님을 믿겠어요!"라고 하시면서 기도를 해 달라고 하시는 것이었습니다. 나는 단지 다가가기만 했을 뿐인데 예수님을 영접하시는 것을 보면서 이것이 내 공로만이 아니라는 것을 확실히 깨달은 적이 있었습니다. 병원 교회 봉사를 하면서 깨달은 것은 내가 다른 사람을 도왔다는 사실 이전에 먼저 주님이 나에게 큰 유익을 주셨다는 것입니다.

내가 없으면 안 될걸

누구에게나 일하는 직장이나 학교, 교회, 지역, 동문회, 친척 등 우리가 소속된 여러 종류의 공동체 내에서 실력을 인정받고 중요한 역할을 감당하고 있다는 평가를 받는다면 기분 좋은 일이 아닐 수 없습니다. 게다가 성품까지 좋아서 대인 관계가 원만하고 남의 어려운 일을 돕기를 늘 힘쓴다면 자신을 스스로 그 공동체 내에서 더 중요한 존재로 여기게 될 가능성이 높아집니다.

여기까지는 좋은데 만약 더 나아가서 '내가 없으면 이 공동체는 제대로 돌아가지 않을 거야.'라고 생각한다면 그것은 바람직하지 못한 신념입니다. 모든 일의 중심에는 늘 하나님이 계시며 지금 이 순간도 그 일 가운데 역사하십니다. 중요한 역할을 맡고 있다고 느낄수록 본인이 없으면 그 일이 제대로 돌아가지 않거나 큰 타격을 입을 것 같다고 생각하겠지만 절대로 그렇지 않습니다. 왜냐하면 그 모든 일의 주권이 하나님께 있기 때문입니다. 그렇다면 왜 자신이 굳이 그 각각의 공동체에 속해 있어야 할까요?

그것은 바로 공동체 내의 다른 사람을 위해 뭔가 일을 하라고 거기에 두시기 전에, 그 사람들과 그 일 가운데서 먼저 자신이 하나님과 더 친밀해지라고 섭리 가운데 베푸신 것입니다. 그곳에서 겪는 어려움이나 감사한 일 가운데 하나님을 찾습니다. 동료를 위해 중보하고 사랑으로 섬길 지혜를 구하게 됩니다. 하나님의 도우심 없이는 일을 그렇게 잘 감당할 수 없다고 고백하게 됩니다. 이런 과정을 통해서 우리를 그 공동체 가운데 두신 것이 하나님과의 관계가 더 온전해지고 하나님이 나를 유익하게 하시려고 계획하신 일이라는 것을 깨닫게 됩니다.

한 교회에 매주 꽃꽂이 봉사를 하는 집사님이 계셨습니다. 수년 동안 한 주도 빠짐없이 헌신적으로 강단에 아름다운 꽃들을 장식한 이 집사님의 인기는 대단했습니다. 그런데 한 주는 몸이 아파서 다른 분이 대신 꽃꽂이를 했답니다. 그분은 유명한 꽃꽂이 학원 강사였었다고 합니다. 그 다음 주에 나와서 이야기를 들어보니 자신이 빠졌던 그 주에 해 놨던 꽃꽂이가 정말 대단했다고 성도들이 극찬을 하는 것이었습니다. 이런 말을 들은 그 집사님은 마음에 상처를 입고 당장 교회를 다른 곳으로 옮겼다고 합니다.

하나님의 영광을 위해 시작한 봉사인데, 시간이 흐르면서 이런 잘못이 생길 수도 있습니다. 특히 교회에서 중요한 역할을 맡고 계신 분일수록 더욱 겸손해지길 노력하고 열심히 일한 후에 무익한 종일뿐이라고 고백하는 신앙을 가져야겠습니다.

숫자를 버리자

하나님 나라는 숫자에 있지 않습니다. 내 평생에 몇 명을 전도했다고 떠벌리는 사람보다는 기회가 있을 때마다 전도한다고 말하는 것이 더 값진 것입니다. 하나님이 이루신 구원을 마치 자신이 해낸 것처럼 사람들 앞에서 말한다면 이미 상을 받아 버린 것이 되어 하늘에 남겨지는 상은 없어질 것입니다.

기독교 서점에 가면 'OOO 전도왕'이라는 책들을 볼 수 있습니다. 그렇게 열심히 전도하는 분들을 깎아 내리려는 것이 아니라, 그 전도의 열매를 마치 자신의 것인 양 착각해서는 안 된다는 것입니다. 구원의 주권은 분명히 주님께 있는 것인데 내가 전한 복음을 들은 사람의 수를 세는 것이 얼마나 큰 의미가 있겠습니까? 한 영혼이 주께 돌아오기까지 수많은 성도의 기도와 사랑의 섬김이 있어야 하는데, 이런 일들은 나 혼자서 감당할 수 있는 것이 아니라 마치 오케스트라와 같이 웅장하고 아름다운 협력이 필요합니다.

> 너는 말씀을 전파하라 때를 얻든지 못 얻든지 항상 힘쓰라 범사에 오래 참음과 가르침으로 경책하며 경계하며 권하라. 디모데후서 4:2

항상 힘써야 할 복음 전도를 수로 표현하는 것은 자신을 스스로 함정에 빠뜨리는 일이 될 수도 있습니다. 하나님은 그 숫자에 연연해 하시는 분이 아닙니다. 지금 당장 수천 명이라도 주님께 돌아오게 하실 수 있는 분인데 몇 명을 전도하고, 교회를 몇 개 세우고, 몇 명을 도왔다는 이런 우리의 자랑이 얼마나 가소롭겠습니까? 다 주님이 하신 일이라고 고백하면 될 것을 하나둘 숫자를 세는 우리 모습을 보면서 주님은 마음 아파하실 것입니다.

아프가니스탄에서 10여 년간 사역하고 나오신 한 선교사님이 사역하는 동안 단 한 명의 회심자만 얻었을 뿐이라고 고백하시던 것을 기억합니다. 지금 캄보디아에서는 대부흥이 일어나서 집회 때마다 수십 수백 명의 사람이 주님께 돌아온다고 합니다. 숫자의 논리라면 열매 맺고 인정받고 싶은 선교사는 캄보디아로 가야 합니다. 파송한 교회는 선교사에게 왜 열매가 없느냐고 다그치면서 교인 수를 보고하라고 하니, 그 힘든 곳에서 목숨의 위협을 느끼며 10년 사역한 선교사는 능력이 없고 심지어는 불성실한 사역자로 낙인찍힐 수도 있는 것이 현실입니다.

필리핀의 한 사역자에게 한국 교회에서 교회를 지어 주었다고 합니다. 그런데 그 넓고 좋은 교회에 교인이 많지 않은 것을 보고 교회에서는 정기적으로 예배 드리는 사진을 찍어 보내라고 요구를 했습니다. 교회를 지어 줬는데 왜 교인이 불어나지 않냐고 매번 재촉했습니다. 이 선교사는 고민하다 못해 돈을 주고 현지인들을 그 자리에 앉혀 놓고 사진을 찍어 보내기 시작했고, 나중에 이 사실이 발각되어 큰 물의를 일으켰다는 일화가 있습니다.

하나님 일을 하면서 숫자를 과감히 버린다면 더 온전한 사역을 감당하게 될 것입니다. 더 하나님이 일하실 수 있는 여건이 될 것입니다. 숫자로 자신을 드러내려는 노력을 중단하고 주님이 하신 일을 드러내야 할 것입니다.

●●●

갓 전문의를 따고 한 종합병원에 취직해서 일하기 시작했을 무렵, 수년 후에 선교지에 나가야겠다는 결심이 있었기 때문에 제자 훈련, 말씀 묵상 뭐든 다 열심히 했었습니다. 그곳이 선교지이고 여기서 선교하지 못하면 어디 가도 마찬가지일 것이라는 생각 때문이었습니다. 특히 진료 현장에서 환자에게 전도도 열심히 했었는데 그 수가 많아져서 엑셀 프로그램에 간단한 인적사항을 적고 전도한 날짜와 영접 여부를 기록하여 월별 통계를 내기도 했습니다. 매달 이런 자료들을 살펴보면서, 이 자랑할 만한 좋은 열매들을 바라보고 흐뭇해 했던 기억이 납니다. 하지만 지금 돌이켜 보면 그때의 생각이 얼마나 유치하고 교만했던가 하는 맘이 듭니다. 훗날 마치 내 공으로 사람들이 주님께 돌아왔다고 생각하며 스스로 자랑스러워했던 나의 모습을 회개했습니다.

흘러넘치는 사랑

여기 목마른 사람이 있습니다. 갈급해 하는 이 사람을 사랑으로 섬기는 일은 갈증을 없앨 수 있도록 물을 가져다 주는 일일 것입니다. 가져다주는 것에 더해 지극한 정성으로 손수 컵을 기울여 먹여 줍니다. 물을 벌컥벌컥 마신 사람은 그 사람의 섬김에 대해 감사한 마음을 가질 것이고 또한 사랑의 섬김을 받았다고 느낄 것입니다.

흘러넘치는 사랑은 이것과는 상당히 다릅니다. 상대방이 갈증을 느끼기 이전에 먼저 자신이 목말라야 합니다. 그 갈증이 난 목을 축여 주시도록 주님께 구하면 우리의 필요를 정확하게 알고 계신 사랑의 주님께서 분명히 그 소원을 들어주실 것입니다. 여기에서 그치지 않고 더 많은 물을 달라고 구합니다. 우리의 간구에 합당하게 주님은 가득 그리고 차고 넘칠 만큼 내 잔을 채우실 것입니다. 급기야는 그 물이 주변을 모두 촉촉이 적시는가 싶더니 이젠 강물처럼 불어 오릅니다. 내 주변에 있는 모든 사람이 그 충만한 흘러넘침으로 갈증이 해소됩니다.

컵을 기울여 먹인 사람은 자신이 물을 먹였다고 생각하겠지만, 주님과의 관계 속에서 흘러넘치는 사랑을 구현한 사람은 주님이 하신 일이라고 고백할 수밖에 없습니다. 진정한 사랑은 사람에게서 나오는 것이 아니라 그 본질이 사랑이신 하나님으로부터 시작되어야 하고, 또한 내

게 있는 것을 떼어 조금 나누어 주기보다는 주체할 수 없을 정도로 차고 흘러넘치는 사랑으로 주변을 충만하게 적셔야 합니다. 이것이 우리가 추구해야 할 진정한 흘러넘치는 사랑입니다. 이 사랑을 하면 할수록 주님과 더 친밀해지는 복을 누리게 될 것입니다.

> 하나님이 우리를 사랑하시는 사랑을 우리가 알고 믿었노니 하나님은 사랑이시라 사랑 안에 거하는 자는 하나님 안에 거하고 하나님도 그의 안에 거하시느니라.
>
> 요한일서 4:16

> 내가 마음에 큰 눌림과 걱정이 있어 많은 눈물로 너희에게 썼노니 이는 너희로 근심하게 하려 한 것이 아니요 오직 내가 너희를 향하여 넘치는 사랑이 있음을 너희로 알게 하려 함이라.
>
> 고린도후서 2:4

● ● ●

의예과 신입생 때 간호학과 선배가 밥을 사 주겠다고 해서 병원 앞 식당에 간 적이 있었습니다. 음식을 주문하고 기다리는데 그 선배가 컵에 물을 따르기 시작했고, 가득 찼음에도 멈추지 않고 식탁이 흥건하게 젖도록 부었습니다. "사랑은 이렇게 하는 거야!"라며 차고 넘치는 사랑에 대해 설명해 주던 게 기억에 생생합니다. 매이는 게 싫어서 기독학생 동아리에 들어갔어도 이리저리 피해 다니던 중이었는데, 선배들이 나에게 베풀어 준 사랑은 평생 처음 겪어 보는 것이었습니다. 한 학기 동안의 방황은 닫

힌 마음을 열어 준 선배와 동기의 사랑 때문에 쉽게 종지부를 찍게 되었
고, 그 누구 못지않게 열심히 기독학생회 활동을 할 수 있었습니다. 수년
간 교회를 다녔어도 주님을 인격적으로 만나지 못했었는데, 그 모임을 통
해서 많은 신앙 체험을 할 수 있었고, 예배와 훈련을 통해 하나님이 살아
계셔서 날 사랑하고 계심을 확실히 믿게 되었습니다.

하나님의 일

하나님 일을 한다는 것을 마치 우리가 하나님을 위해 뭔가를 해 드리
는 것으로 착각할 수 있습니다. 그런 사람들은 내가 누구누구를 먹였
고, 누구누구를 위해 기도했고, 누구누구를 위해 복음을 전했다고 말
하며, 또 하나님의 교회를 위해서는 무슨 일을 했는지를 말합니다. 하
나님을 위해서 이렇게 열심히 일한 결과 이러이러한 열매를 맺게 되었
다고 자랑합니다.

　바로 위에서 살펴보았듯이 이런 관점은 철저히 버려야 합니다. 그 주
권이 하나님께 있다면 내가 무엇을 해도 하나님이 했다고 고백해야 합
니다. 하나님이 먹이시고 하나님이 전하신 것입니다. 그분께 모든 영광
을 돌려야 함에도 우리가 그 전부 혹은 일부를 가로챈다면 그것은 자녀
의 도리가 아닙니다. 특히 열심을 내는 그리스도인일수록 더 이런 함정
에 빠지기가 쉽습니다.

그렇다면 왜 우리에게 이런 사역을 허락하셨을까요? 하나님의 일을 잘 나타내는 성경 구절이 있습니다.

> 예수께서 대답하여 이르시되 하나님께서 보내신 이를 믿는 것이 하나님
> 의 일이니라 하시니.　　　　　　　　　　　　　　　　　요한복음 6:29

예수님을 찾아온 무리가 "우리가 어떻게 하여야 하나님의 일을 하오리까?"라고 물었을 때 예수님이 대답하신 말씀입니다. 예수님은 하나님께서 보내신 이, 즉 예수님을 믿는 것이 바로 하나님의 일이라고 대답하고 계십니다. 이 믿음은 하나님께서 그리스도를 보내심을 믿는 것이며 그분이 하나님의 아들이시며 인간을 향한 하나님의 최고의 사랑임을 인정하는 것입니다. 믿음은 생각뿐인 허상이 아니라 우리 삶에 실체로 드러납니다.

> 믿음은 바라는 것들의 실상이요 보이지 않는 것들의 증거니.
> 　　　　　　　　　　　　　　　　　　　　　　　　히브리서 11:1

믿음은 사람의 생각에 좌우되는 주관적 실체가 아니라 객관적인 것을 가리킵니다. 이는 그리스도인의 믿음에 확신을 더하는 근거입니다. 다시 말하면 믿음은 그리스도인이 객관적 실체를 확신하는 것입니다.

보지 못하는 것들은 종말론적 미래에 나타날 사건을 시사합니다. 이 미래지향적인 믿음은 미래를 내다보며 하나님의 말씀을 의지하고 담대하게 나아가게 합니다.

하나님의 일을 열심히 하겠다고 발 벗고 나서서 교회를 섬기는 분들이 있습니다. 그 열심이 하나님 나라의 상급으로 이어지려면 지나친 분주함에서 벗어나야 합니다. 하나님의 일은 예수님을 믿는 믿음으로 정의되는 것을 기억하고 뭔가를 하려고 일을 만들기 이전에 잠잠히 그분께서 하시는 말씀을 듣는 연습을 해야 합니다. 하나님께서 원하시는 일을 제대로 하려면 하나님만 바라보는 모습이 선행되어야 합니다.

> 나의 영혼이 잠잠히 하나님만 바람이여 나의 구원이 그에게서 나오는도다.
>
> 시편 62:1

● ● ●

내가 아는 한 집사님은 교회에서 하는 일이 너무 많습니다. 주일에는 아침 일찍 교회에 가서 주일학교 교사로 봉사하고 주일 낮 예배에서 성가대를 섭니다. 점심을 먹고 나서 주방 봉사를 하고 오후 예배를 드리고 뒷정리를 하고 나면 저녁이 되어서야 집에 돌아옵니다. 수요일의 수요예배와 거의 날마다 새벽기도를 나가고 금요일엔 철야 기도회를 갑니다. 목요일엔 구역 모임에서 구역장으로 섬기고 있습니다. 이러다 보니 집에 있는 남편과 아이들은 엄마 없이 지내는 시간이 많습니다. 하나님의 일을 한다는 이유로 너무 많은 시간을 교회에서 지내다 보니, 그분의 믿지 않는 남편은 완전히 찬밥 신세가 되었습니다. 하지만 가정의 평화를 위해 꾹 참고 산다고 말하는 것을 들었습니다. 그 집사님은 오늘도 남편의 영혼 구원을 위해 눈물을 흘리며 열심히 기도하고 있습니다.

내가 존경하는 한 목사님은 새 교회에 부임하고 나서 제일 먼저 금요철야 예배를 없앴고 주일에도 부인들이 최대한 집에 빨리 들어갈 수 있도록 배려를 했다고 합니다. 그들이 가정에 더 충실하게 되어서 그런지 평생 교회 문턱을 밟지 않았던 많은 남편이 도대체 무슨 일이 있는가 하여 교회에 나오게 되었다는 이야기를 들었습니다. 아무리 하나님 일을 열심히 한다 해도 기본에 충실하지 않으면 열매가 맺히지 않고 받을 상급도 없을 것입니다. 하나님의 일은 허상이 아니라 사랑으로 완성되는 믿음의 실체여야 합니다.

사랑의 섬김

예수님은 왕이시지만 종의 모습으로 오셔서 사람들을 섬기셨습니다. 앉아서 먹는 자와 섬기는 자 중 누가 크냐는 예수님의 질문은 너무 쉬워 보였지만, 대답하기 어려운 질문이었습니다. 하인이 주인보다 더 크다는 주님의 말씀을 제자들에게 이해시키기 위해서 예수님은 대야에 물을 떠서 제자들의 발을 씻기시고 그 두르신 수건으로 닦아 주셨습니다. 고대 근동에서는 주인이나 손님이 집에 들어오면 먼지투성이

가 된 발을 씻겨 주는 것은 그 집의 하인이 하는 일이었기 때문입니다.

> 인자가 온 것은 섬김을 받으려 함이 아니라 도리어 섬기려 하고 자기 목
> 숨을 많은 사람의 대속물로 주려 함이니라.　　　　　마태복음 20:28

　예수님의 섬김은 당신의 목숨을 많은 사람을 위해 주시는 최고의 경
지까지 이르렀습니다. 누군가를 섬긴다^{serve}는 것은 내가 당신의 종^{servent}
이 되겠다는 말과 같은 것입니다. 하지만 대부분의 사람들은 자신이 여
전히 높은 위치에 있기를 고수하면서 남을 섬기겠다고 합니다. '섬기는
자'의 원어인 디아코노스^{διάκονος}는 일반적으로 식탁이나 다른 천한 일에
시중드는 사람을 말합니다.

　갈라디아서 5장에서는 그리스도께서 우리를 자유롭게 하시려고 자
유를 주셨으니 종의 멍에를 메지 말라는 말과 함께 그 자유로 "오직 사
랑으로 서로 종노릇하라."고 말씀하고 있습니다. 우리가 주 안에서 자
유로운 자이나 섬기는 일에는 종이 되라고 하십니다.

> 형제들아 너희가 자유를 위하여 부르심을 입었으나 그러나 그 자유로 육
> 체의 기회를 삼지 말고 오직 사랑으로 서로 종 노릇 하라.
> 　　　　　　　　　　　　　　　　　　　　　　　갈라디아서 5:13

잘 섬기기 위한 첫 번째 단추는 겸손입니다. 나보다 남을 낮게 여기지 않고 '종'으로서 섬기겠다고 말하는 것은 말이 안 됩니다. 내가 귀한 만큼 상대방도 존귀한 존재임을 인정하고 마치 종이 주인을 대하듯이 인격적으로 진심으로 대해야 합니다.

또 중요한 점은 나를 위한 섬김이 아니라 남의 필요를 채우는 봉사이어야 한다는 것입니다. 섬김과 봉사를 열심히 하는 사람이 빠질 수 있는 흔한 오류는 그 공동체 안에서 자신이 하는 일을 과대평가하는 것입니다. 마치 자신만이 그 일을 감당할 수 있는 것처럼 생각하고 자신의 가치를 높이는 수단으로 사용하기도 합니다. 진정한 섬김은 나를 위한 것이 아니라 남의 절실한 필요를 알아 채우는 것입니다.

사람의 깊은 속을 알게 하시는 성령님의 도우심을 구하면서 사람들의 의견에 마음을 열고 들을 줄 알아야 합니다. 하나님께서 우리 지혜를 훨씬 넘어서는 놀라운 것을 우리에게 알게 하시고 진정한 사랑의 섬김을 가능하게 하실 것입니다.

●●●

성경 공부를 하면서 섬김은 상대방의 종이 되는 것이라고 말했더니, 섬기는 것은 하여도 종이라는 것은 인정하기가 좀 그렇다는 반응을 보였습니다. '섬긴다'는 것과 '하인(下)'은 같은 어원을 가진 낱말이라고 아무리 설명해도 받아들이기를 어려워했습니다. 이걸 보면서 사람은 누구나 본능적으로 남보다 위에 서 있기를 바란다는 생각을 했습니다. 심지

어는 겸손으로 치장하며 밝은 미소로 봉사하는 내면에도 인정받고자 하
는 욕구가 숨어 있기도 합니다.

전문인들의 오해

삶의 현장에서 독특한 전문성을 가진 사람들의 역할은 무시할 수 없습
니다. 오랫동안 연구하고 훈련받고 체득되어 남들이 쉽게 따라 할 수
없는 독특성을 지니게 되면 그 전문성에 힘이 실리게 됩니다. 이 힘의
균형을 잘 조절하여 그 집단이 하모니를 이루게 하는 것이 리더의 몫
입니다. 힘이 막강해질수록 불협화음을 내게 되고 그 전문가가 없어짐
으로 공동체가 치명적인 타격을 받을 수도 있습니다. 하지만 그런 어
려움이 생겼다 하더라도 그것은 하나님이 베푸신 사랑의 한 종류일 것
입니다.

　우리가 지금 이곳에서 많은 어려움을 겪어가며 지내는 것은 남을 위
한 봉사나 배려이기 전에 하나님이 사랑하셔서 복을 주시려고 성숙시
키시려고 허락하신 일입니다. 하나님의 관심은 같이 일하는 동료나 나
를 찾아오는 고객들에게도 있지만, 그 이전에 먼저 나에게 있습니다.
같이 일하다 보면 동료가 내게 와서 누구누구와는 맘이 안 맞아서 도저
히 일을 못 하겠다고 불평을 늘어놓기도 합니다. 따지고 보면 그런 어
려운 상대를 붙여 놓으신 것도 하나님의 계획입니다. 나를 사랑하시는

하나님 사랑의 표현이요 은혜를 주시기 위한 수단입니다. 다시 경험하기 어려운 그런 좋은 상황을 어찌 마다하겠습니까? 도리어 즐길 줄 알아야 하고 이런 일들을 통해 우리는 하나님과 더 친밀한 관계를 형성해 나아가게 될 것입니다.

한 중환자가 사경을 헤매고 있었는데, 가족들이 수소문해서 그 병을 잘 고친다는 의사에게 환자를 데려갔습니다. 경험이 많던 의사는 단번에 그 질환을 진단해 내고 적절한 치료를 해서 그 환자는 고비를 넘기고 생명을 다시 회복하게 되었습니다. 환자는 의사에게 이렇게 말했습니다.

"선생님, 목숨을 살려 주셔서 감사합니다. 선생님이 아니셨더라면 아마 저는 이미 이 세상 사람이 아니었을 겁니다."

이 이야기를 읽어보면 이 의사가 그 환자의 생명을 건졌다고 생각할 수 있습니다. 그렇다면 만일 이 환자가 이 의사가 아닌 다른 의사를 찾

아갔다면 어떻게 되었을까요? 살았을 수도 있고 죽었을 수도 있습니다. 중요한 것은 생명이 이 의사의 손에 달린 것이 아니라 하나님께 달렸다는 것입니다. 살아야 할 사람이라면 어떤 의사를 만났어도 살았을 것이고, 죽을 운명이었다면 명의를 만났어도 소생하지 못했을 것입니다. 다시 말하면 그 의사를 만났기 때문에 살았다고 단정지어서 말할 수는 없다는 것입니다. 그래서 내가 그렇게 소중한 일을 하고서도 '나 때문에'라는 수식어를 과감히 버리고 다 하나님이 하셨다고 고백해야 합니다.

직업이나 재능은 하나님 나라의 차원에서 보면 역할에 불과하다는 것을 알 수 있습니다. 또한 그 역할은 절대적이지 않아서 내가 아니어도 일은 돌아가게 되어 있습니다. 그 역할에 대해 논할 때 그것을 타인을 위해 자신이 꼭 필요한 것처럼 이해하는 것은 겸손하지 못한 것이라 할 수 있습니다. 만일 사람이 잠잠하면 돌들이 소리 지르리라고 하신 말씀처럼 내가 아니어도 세상은 돌아갑니다.

●●●

선교 훈련을 다 마치고 선교지에 나가기 바로 직전에 돌이 갓 지난 셋째 아이가 선천성 백내장이라는 병을 진단 받았습니다. 부랴부랴 수술을 받게 하고 일 년 동안 빛이 들어오지 않아 볼 수 없게 된 눈의 재활 치료를 시작했습니다. 우리가 가기로 했던 방글라데시의 지역 지도자는 우리에게 그곳에는 소아안과가 없으니 완치된 후에 선교지로 나오는 게 좋겠다는 연락을 해 왔습니다.

우리는 다시 한국에 정착해야 하는 상황을 맞았고, 근무할 여러 병원을 알아보던 중에 다니던 직장에서 다시 와 줄 수 있겠냐는 제의가 들어왔습니다. 그 일은 엄밀히 말하면 외과 전문의가 해야 할 일은 아니었지만, 내게 주어진 일을 즐거운 마음으로 감당했습니다. 동료들은 하나님이 내게 이 일을 감당케 하시려고 선교를 못 나가게 막으신 것이라고 말하곤 했습니다. 하지만 내가 언젠가 다시 이 직장을 떠나야 할 때가 되었을 때 이 일들을 누가 대신할 수 있을까를 걱정하면서, 떠나야 할 때임에도 못 떠나고 있다면 그것은 대단한 착각이 아닐 수 없습니다. 처음부터 그 자리에 있었던 것도 아니었고 내가 없어도 잘만 돌아갈 것입니다. 내가 그들을 위해 존재하기 전에 하나님이 나의 유익을 위해 이곳에 두셨다고 깨달아집니다.

직업으로 하나님께 영광 돌리기

외과 의사인 내가 하나님께 이렇게 기도할 수 있습니다.

"제가 외과 의사가 되려고 14년을 투자했는데, 저는 이 기술을 어떻게 하든 주님의 사업에 써야겠습니다. 저에게 하나님을 위해 사용하라고 주신 기술이 아닙니까?"

하지만 하나님 나라에서 나의 가치가 외과 의사인지 아니면 하나님의 자녀인지를 생각해 보아야 합니다. 나의 전문분야를 어떻게 사용해서 주님을 기쁘게 해 드릴 것인가를 생각하지 말고 나의 존재 자체 때문에 주님께 기쁨이 되게 해야 합니다. 내가 주님이 너무 좋아서 그분이 감당해 주길 원하시는 의료 선교사가 되었다면 문제가 없는데, 의료 선교사가 되겠다는 결정을 먼저 내리고 그것을 이루기 위해 의사가 되기 위한 과정을 밟아가고 있다면 다시 한 번 그 의미를 생각해 보아야 합니다.

삶의 목표가 환자를 몇 명 진료하고 수술을 몇 건을 하고 전도를 몇 명에게 하는 것이어서는 안 됩니다. 다만 내가 이 땅에 존재하고 살아가는 것 자체가 주님께 영광이 되고 기쁨을 드리는 것이어야 합니다. 다시 말하면 하나님의 자녀로 살아가는 데 꼭 외과 의사일 필요가 없다는 것입니다. 하나님을 위해서라면 그것도 기꺼이 포기할 마음의 자세를 가지고 있어야 합니다.

루터는 성속의 이원론을 탈피하여 직업에 대한 일원론을 말했습니다. 즉 어떤 직업으로 부르셨든지 그것을 하나님의 소명으로 알고 최선을 다해야 한다고 말했습니다. 칼빈도 정해진 직업에 머무르는 것이 아니라 직업을 하나님의 부르심으로 알고 하나님께 영광을 돌리는 수단으로 여겼습니다. 우리가 가진 어떤 일이라도 그것을 통하여 하나님께 영광을 돌리는 것이 신자의 삶이라고 할 수 있습니다. 강영안·양희송, 「묻고 답하다」 4장 일상, 홍성사, 2012.

"나뭇잎이 많이 떨어지던 어느 가을날 길거리를 열심히 청소하는 청소부를 보았습니다. 수북하게 쌓인 낙엽을 말끔하게 치워 산뜻해진 도로를 보며 출근하는 나의 마음이 참 즐거워졌습니다."

"아침에 애들을 등교시키고 짬을 내어 옆집에 놀러 갔더니 집이 너무 깨끗했습니다. 우리 집은 아니지만 말끔하게 정돈된 가구들, 먼지 하나 없는 깨끗한 거실 그리고 반짝반짝 윤이 나는 부엌의 그릇들을 보니 내 마음이 다 후련한 느낌을 받았습니다."

하나님은 길거리의 청소부나 살림을 하는 주부를 가리지 않고 어떤 형태로든 영광을 받길 원하십니다. 주님의 생각은 나와는 달라 모든 일을 기뻐 받으시고 그 일을 통해 복음이 전해지길 원하십니다. 나는 내 할 일을 했을 뿐인데 다른 사람의 마음을 변화시키고 복음이 전해지게 하시고 성화의 삶을 살도록 인도하신다는 게 놀라울 뿐입니다.

하나님께서 택하시는 사람

하나님께서 어떤 사업을 구상하시고 그 일을 감당할 사람들을 채용하기 위해서 모집 공고를 내셨습니다. 여기저기서 영광스런 하나님의 일에 동참하기 위해 많은 사람이 모여들었습니다. 하나님은 과연 어떤 기준을 갖고 하나님의 일에 적합한 인재를 뽑으실 것 같습니까?

같이 일할 직원을 뽑기 위해 몇 번 면접관 역할을 해 본 적이 있었습니다. 저마다 자신이 그 일에는 제격이라고 말하면서 자신의 장점들을 짧은 시간 안에 쏟아 냅니다. 가만히 들어보면 누굴 뽑아도 일을 잘할 것 같지만, 그래도 면접관은 누군가를 선택해야 합니다. 이때 명확한 선택의 기준이 세워져 있지 않다면 참 어려운 일이 될 것입니다.

> 그러나 하나님께서 세상의 미련한 것들을 택하사 지혜 있는 자들을 부끄럽게 하려 하시고 세상의 약한 것들을 택하사 강한 것들을 부끄럽게 하려 하시며. 고린도전서 1:27

하나님이 택하시는 사람은 지혜 있고 강한 자가 아니라 도리어 미련하고 약한 자입니다. 내가 미련하고 약함을 주님 앞에 인정할 때 비로소 택함을 받을 수 있습니다. 하지만 많은 성도가 말로는 그런 고백을 함에도 주신 지혜와 능력이 마치 자신의 것이라 여기고 그것들을 가지고 있다는 사실에 뿌듯해 하곤 합니다. 그런 자세로 주를 섬긴다면 주님의 것으로 한 것이 아니라 자신의 것으로 한 것이며 택함을 받는 사람의 부류에 들어가지 못하게 됩니다.

우리의 지혜와 능력은 바로 그리스도이십니다. 세상의 지혜로는 하나님을 알 수 없어서 전도의 미련한 것으로 구원하시기를 기뻐하십니다.^{고전 1:21} 여기에 아무도 주 앞에서 자랑하지 못하게 하려는 하나님의 뜻이 숨어 있습니다.

우리가 무엇을 한 것이 아니라 주님이 하신 일이라고 고백할 수밖에 없게 하시는 이유는 우리를 사랑하시기 때문입니다. 주님은 어떤 일을 성취시키는 것보다는 그 과정을 통해 관계를 회복하는 데에 더 큰 관심이 있으신 분입니다. 내가 할 수 없다고 고백하는 순간부터 주님이 우릴 택하시고 일하기 시작하실 것입니다.

●●●

인턴 선생과 회진을 도는데 환자 한 분에게 복음을 전하여야겠다는 생각이 들었습니다. 그 선생에게 그 환자에게 다시 찾아가서 복음을 전하라는 과제를 주었습니다. 그 말을 듣고 그 선생은 난감해 했습니다. 전도해 본 적도 없고 용기도 나지 않는다고 했습니다. 그래서 하나님은 못하겠다는 사람을 택하셔서 쓰신다고 격려해 주었습니다. 고민하던 그 선생은 결국 내과의 한 선배에게 부탁해 같이 가서 그 환자에게 복음을 전했다고 합니다. 이것이 인연이 되어 몇 년 후에 두 선생이 결혼하게 되었습니다.

무엇을 따져 보아도 도저히 못 할 것 같을 때마다 미련하고 약한 자를 택하신다는 고린도전서의 말씀을 떠올리며 용기를 얻곤 합니다.

열매 맺는 요령

포도나무에서 열매를 맺는 곳은 나무 기둥이 아니라 가지입니다. 그

가지에는 새싹이 나고, 꽃이 피며, 잎이 무성해지고, 열매가 맺힙니다. 이 가지가 열매를 맺기 위해서 하는 일은 너무나 간단한 것입니다. 그냥 나무에 붙어 있는 것입니다. 나무에 붙어 있지 않다면 결코 어떤 열매도 맺을 수 없습니다. 푸른색도 없고 거칠거칠한 표면을 가진 나무는 마치 죽은 것과 같고 볼품없어 보이지만 가지가 존재하는 근본적인 이유가 됩니다.

> 내 안에 거하라 나도 너희 안에 거하리라 가지가 포도나무에 붙어 있지 아니하면 스스로 열매를 맺을 수 없음 같이 너희도 내 안에 있지 아니하면 그러하리라 나는 포도나무요 너희는 가지라 그가 내 안에, 내가 그 안에 거하면 사람이 열매를 많이 맺나니 나를 떠나서는 너희가 아무 것도 할 수 없음이라.　　　　　　　　　요한복음 15:4-5

사람들의 관심은 열매를 맺는 가지의 화려함에 주목하지만, 우리의 눈은 나무로 향해야 합니다. 포도나무에 붙어 있는 가지는 그 자체로는 가지이며 포도나무라 할 수 있지만, 나무를 떠나 독립적으로 존재한다면 가지밖에 될 수 없습니다. 꺾인 가지를 포도나무라고 하지는 않는다는 말입니다. 그 가지는 곧 말라서 버려질 수밖에 없는 운명에 처하게 됩니다. 우리가 예수님 안에 거하는 것은 우리가 열매를 많이 맺는 요령이기도 하지만, 열매를 맺게 한 것이 내가 아니라 우리 안에 거하시는 주님 때문이라는 사실도 잊지 말아야겠습니다.

●●●

예수님을 제대로 믿고 나서, 세례도 받지 않았을 때부터 주일학교 교사
로 봉사하기 시작했습니다. 어느 해 여름에 교사들끼리 소풍을 가기로
했는데, 주일학교 부장님이 나에게 설교를 부탁했습니다. 아이들 앞에
서 하는 설교는 서점에서 구매한 설교집을 참고해서 어떻게 넘어갈 수
있었는데, 교사들을 대상으로 한다는 것은 큰 부담이 아닐 수 없었습니
다.

나무 그늘에 둘러앉아서 요한복음 15장 말씀을 갖고 열매 맺는 이야기
를 나누었는데, 바닥에 떨어져 있는 나뭇가지 하나를 주워 들고 "이 가
지에서는 결코 열매가 맺힐 수 없다."고 설명했는데 사람들이 다 놀라
는 눈치였습니다. 수풀이 우거진 자연 속에서 가지가 열매 맺기 위해
나무에 붙어 있어야 한다는 너무나 명쾌하고 간단한 진리가 너무 쉽게
이해가 되었습니다. 쉬워 보이지만 사람들은 아직도 주님 도움 없이 자
기 혼자 뭔가를 이루려고 노력하고 있습니다.

복음이 드러나는 삶

2006년 미국 펜실베이니아 주의 한 아미쉬(Amish) 마을에서
총기 난동 사건이 일어나 여학생 5명이 숨지고 범인은 자살하
는 끔찍한 사건이 일어났습니다. 그 사람은 그 마을에 우유 배
달을 하던 사람이었는데 인질극을 벌이는 와중에 아내에게 "20
년 전의 일을 복수하고 있다."라고 말했다고 합니다.

언론에 발표된 것은 아니지만 이 사람의 범행 동기는 1997년 태어난
딸의 죽음이었습니다. 딸은 태어나자마자 죽었는데, 이 일로 인해 하
나님을 원망하고 있었고 그것을 표출한 사건이었습니다. 이 사람이 하
나님을 가장 분노케 할 수 있는 복수 방법으로 이 세상에서 가장 착하
고 순진한 사람을 죽이는 것을 생각한 것입니다. 그도 역시 교인이었
지만 자신이 다니는 교회가 아닌 신앙공동체를 이루고 있는 아미쉬 마
을의 사람들을 대상으로 선택했습니다.

더 놀라운 것은 이 사건 이후 아미쉬 공동체가 보여 준 반응입니다.
사건이 일어나자마자 그 살인자를 용서한다는 공개 담화문을 발표한
것입니다. 그 장로들은 도리어 범인의 가족들을 찾아가 위로했다고 합
니다. 그가 다니던 교회의 교인들도 참석하지 않은 그의 장례식에 아미
쉬 공동체 식구들이 자발적으로 참석하여 조의를 표했습니다. 일부의
사람들은 그들의 진정성에 대해 의구심을 갖기도 했지만, 시간이 지나

면서 이 일은 자신들의 믿음에 합당한 원칙에 따르는 진실한 반응임을 알게 되었습니다. 세속적이기로 유명한 CNN을 포함한 각 언론사가 이 일을 미국과 세상에 알리면서 아미쉬 공동체의 믿음의 역사를 많은 사람이 접하게 되었습니다. 김영걸, "21세기 상황과 선교적 고찰", 설악포럼, 2011.

이 비극적인 사건을 허락하신 하나님은 세상의 많은 그리스도인에게 경종을 울리고 있습니다. 우리의 삶의 터전에서 복음의 본질을 드러내는 진실한 삶을 살아 낼 때 삶이 드러내는 복음의 능력은 세상 끝까지라도 증거 되어 영향을 미치게 되는 것입니다. 신앙인이라는 허울만 존재하고 삶에서 생명을 살리게 되는 복음이 드러나지 않는다면 그것은 진정한 믿음이라 할 수 없습니다. 사소해 보이는 일상의 삶의 전 영역이 그리스도의 피로 구속됨으로 하나님의 것으로 변해 갈 때 이런 능력이 드러나게 될 것입니다.

●●●

의료 봉사를 위해 팀을 이끌고 두 번이나 티베트에 다녀왔습니다. 티베트를 장악하려는 중국은 정책적으로 많은 혜택을 주면서까지 한족 중국인들을 이주시키고 있고 티베트인들과 라마 불교에 대해서도 엄청난 핍박을 가하고 있습니다. 그럼에도 그들의 종교에 대한 신앙심을 잠재우기는 역부족인 듯합니다. 수도인 라싸를 거닐다 보면 이마에 옹이가 박힌 사람을 쉽게 찾아볼 수 있는데 이것은 '오체투지'를 한 흔적입니다. 큰절의 형태로 양쪽 팔꿈치와 무릎 그리고 이마를 땅에 닿게 절하는 것입니다. 얼마나 많이 절을 했는지 이마에 굳은살이 박혀 있습니다.

북한에 성경을 배달하시는 한 목사님의 집회에 간 적이 있습니다. 그 목사님이 어느 성도의 집에 갔었는데, 다락에 가 보니 마룻바닥에 나란히 홈이 팬 곳을 볼 수 있었다고 합니다. 그 성도의 어머니가 수십 년을 남한 성도들을 위해 기도하던 곳이었다고 합니다.

우리 몸에 예수를 믿는 흔적이 있는지 찾아봐야겠습니다. 지금 이 사회는 그리스도인을 원하는 것이 아니라 '진짜 그리스도인'을 원하고 있습니다. 우리가 진짜라고 증명할 수 있는 흔적을 가졌다면 우리 삶을 통해 복음이 드러날 것입니다.

Chapter 6
누가 선교사인가

선교의 정의

도날드 A. 맥가브란^{Donald A. Mcgavran}은 선교를 이렇게 정의했습니다.

> 선교란 예수 그리스도를 따르지 아니하는 사람들에게 전도하
> 기 위하여 복음을 들고 문화의 경계를 넘는 것이며, 또한 사람
> 들을 권하여 예수를 주와 구주로 영접하여 그의 교회의 책임
> 적인 회원이 되게, 성령이 인도하시는 대로 전도와 사회정의
> 를 위한 일을 하며, 하나님의 뜻이 하늘에서 이룬 것 같이 땅에
> 서도 이루게 하는 것이다.(Arthur F. Glasser · Donald McGavran,
> *Contemporary Theologie of Mission*, 1983)

　선교의 광의의 정의는 하나님이 인류를 위해 하시는 모든 일을 일컫습니다. 협의의 선교는 교회의 타문화권에 복음을 전하기 위한 직접적인 사역이나 선교사 파송을 말합니다. 선교사의 기능적 정의는 선교단체에 소속된 정회원이며 모금에 의해 사역과 생활하는 타문화권 사역자입니다.

　또한 선교의 형태에 따라 복음전파와 교회를 세우는 전통적인 선교사와 전문직을 갖고 일과 선교를 병행하는 전문인 선교사뿐만 아니라 비정부 기구 등을 통한 구호활동 등도 선교에 포함할 수 있습니다. 전통적인 선교의 정의에 의하면 타문화권에 나가야 선교라 할 수 있으나 현대는 타문화권이라는 의미가 점점 퇴색되어 가고 있습니다. 현대 선교의 구호를 'From Everywhere To Everywhere'라고 하듯이 선교의 최전

선이 지역적인 형태에 더는 머물지 않고 있습니다. 정보기술과 교통이 발달하면서 전 세계가 일일생활권이 되었고 인터넷이 발달함으로 실시간으로 의사소통하는 시대에 어디가 적의 진영이고 어디가 아군의 진영인지 구분하기가 어려워졌습니다.

다만 우리가 명심할 것은 우리가 사는 바로 이곳이 가장 시급한 선교지이며 그런 선교적 사명을 감당하기 위해서 우릴 이곳에 두셨다는 것입니다. 그 사명을 감당하는 것이 아버지께 큰 기쁨이 될 것입니다.

●●●

의예과, 의학과 6년 동안 학교에 다니면서 여름, 겨울의 기독 학생 수련회에 한 번도 빠지지 않고 참석했습니다. 수련회 때마다 여러 강사님들은 선교에 헌신하겠다는 사람은 손을 들거나 앞에 나오라고 청했었습니다. 하지만 나는 그 약속을 지킬 확신이 서질 않아서 한 번도 손을 들지 못했습니다. 본과 4학년이 돼서야 의료선교사가 되어야겠다는 강한 부르심을 느낄 수 있었습니다.

외과를 선택한 것도 선교사가 되기 위함이었습니다. 전공의가 되었을 때 선교지에 가 계신 어느 선교사님과 메일을 주고받은 기억이 납니다. 그 내용 중에 한국에서의 삶도 선교가 되었으면 좋겠다는 말씀을 드렸더니 그것은 선교가 아니라고 강하게 반박을 당한 적이 있었습니다. 그 선배 선교사의 말도 틀린 것은 아니지만, 통합적 선교를 꿈꾸는 나의 선교철학과는 달랐던 것입니다. 나중에 선교 훈련을 받고 세계 선교의 흐름을 이해하고 나서야 비로소 선교에 대한 나름의 정의를 가질 수 있게 되었습니다.

전문인 선교 모델

선교 훈련을 다 마칠 즈음에 사역 계획서라는 문서를 하나 만들었습니다. 그것은 사역지에 부임해서 어떻게 선교할 것인가에 대한 청사진과 같은 것이었습니다. 그 문서의 핵심 내용은 다음과 같습니다.

선교지에서 의료 선교사로 파송 받아서 병든 사람을 돌본다.

↓

의료라는 도구로 환자들을 사랑으로 돌보며 접촉점을 찾는다.

↓

관계가 형성된 이후 복음 전할 기회를 얻는다.

↓

제자훈련을 하고 소그룹 성경 공부를 시작한다.

↓

교회를 개척한다.

　　의료 선교사로서 의료가 낙후된 B국의 소형 병원에 가서 내가 가진 의료기술을 가지고 이런 방식으로 선교한다면 성공적일 것 같았습니다. 목회학을 공부한 것은 아니었지만, 그간 해 왔던 성경 공부, 제자훈련이나 복음 전도 훈련 등 모든 것이 합력하여 충분히 해낼 수 있을 것 같은 자신감이 가득 차 있었습니다. 이 사역계획서를 선교단체와 파송 교회에 제출했고 이런 구체적인 계획을 세웠다는 것을 자랑스러워하고 있었습니다.

그런데 미국에서 1년 동안 마지막 선교 훈련을 받으면서 그간 얼마나 협소한 시각을 갖고 있었나를 깨닫게 되었습니다. '통합 선교'의 진정한 의미를 깨달았기 때문입니다. 강의도 듣고 삶의 현장에서 살아 있는 교육도 받아서 머리로는 다 아는 것 같았는데, 그것이 가슴으로 내려오기까지는 반년 이상의 시간이 필요했습니다. 이런 깨달음이 있고 나서 소중히 간직해 왔던 그 문서를 찾아서 찢어 버렸습니다.

도대체 통합 선교가 무엇이기에 가치관의 변화를 가져왔을까요?

●●●

내가 받은 선교 훈련에 의하면 전문인 선교는 전문성을 이용해 제자를 택해 세우고 훈련시킨 후 자생 가능한 교회를 개척하는 일로 귀결되는 사역이었습니다. 실제로 2만 명에 육박하는 한국 선교사의 사역 형태 중 교회개척과 제자훈련 비중이 61.33%에 달하는 것으로 나타났습니다. (한국선교연구원, "2013년 한국 선교현황 및 재정에 대한 설문조사 결과 발표" 19,798명의 선교사 중에 교회개척 [45.25%], 제자훈련[16.06%])

통합의 관점에서 보면 이러한 선교 형태의 문제점은 전문성 자체를 선교로 이해하기보다는 접촉의 기회나 선교의 도구로 활용한다는 것입니다. 일상의 모든 영역을 그리스도의 피로 구속하여 주님의 것으로 드린다는 것을 쉽게 풀어서 설명하면 '선교지에 이사 가서 그리스도인으로서 잘 사는 것'이라고 할 수 있습니다. 21세기 세계 상황은 선교의 전후방이 사라지고 우리가 속해 있는 곳이 바로 선교지라 할 수 있으므로 지금 이곳에서 잘 살아 가는 것이 가장 훌륭한 선교라고 할 수 있습니다.

통합 선교

통합 선교를 한마디로 정의하기는 어렵습니다. 많은 사람이 통합 선교를 궁금해하면서 그게 뭐냐고 묻습니다. 통합 선교를 설명하기 전에 먼저 '통합'이 무엇인가를 설명해야 합니다. 감기가 걸려서 병원에 가면 의사는 환자가 호소하는 각각의 증상에 맞춰 약을 처방합니다. 약을 받아 보면 열 내리는 약, 가래 삭히는 약, 소염제, 기침약, 콧물약…. 이런 식으로 구분해 낼 수 있습니다. 이렇게 다양한 구성요소를 모아 놓고 '통합'이라고 주장하는 사람들도 있지만, 진정한 통합은 바로 한약과도 같은 것입니다. 감기약을 지었더니 비닐 봉투에 들어있는 물약을 줍니다. 그 안에는 증상을 개선하는 다양한 성분이 들어있겠지만 먹는 사람은 뭐가 뭔지 구분하지 못하고 갈색 물약을 마시게 됩니다. 진정한 통합은 여러 개 구성 요소가 이렇게 하나로 녹아서 한 가지 색을 내는 것을 말합니다.

기존 선교가 목사님들이 중심이 되어 복음 증거에 치중되어 있다면 통합 선교는 다양한 형태의 전문성이 가미되어 삶의 전 영역을 다루는 선교라 할 수 있습니다. 중요한 것은 양약을 먹든지 한약을 먹든지 병이 나아야 합니다. 병이 나아야 한다는 목표는 훼손되지 않은 채 어떤 일을 하든지 일관된 방향성을 가져야 합니다. 통합 선교의 목표는 한마디로 '하나님의 선교 Missio Dei'라고 표현할 수 있습니다.

Missio Dei라는 말은 1934년 칼 하르텐슈타인 Karl Hartenstein 이라는 독일의 선교신학자가 주창한 개념으로 1952년 윌링겐 Willingen 에서 열린 에큐메니칼 진영의 세계선교협의회 IMC 에서 채택되었습니다. 하나님의 선교에 대한 애큐메니칼 진영의 견해는, 선교는 하나님께서 세계 속에서 하시는 모든 것을 말한다는 것이었고, 복음주의 진영은 이 용어를 삼위의 하나님이 선교의 주체라는 뜻으로 사용했습니다.

더 진정한 통합을 이루기 위해서는 내가 녹아서 내 모습이 드러나지 말아야 합니다. 말씀 사역에 의료 사역을 더했기 때문에 통합이라 할 수는 없습니다. 지역사회 개발이라는 도구로 선교를 하는 것만으로는 진정한 통합 선교라고 보기 어렵습니다. 통합의 정도는 스펙트럼을 가집니다. 통합은 마치 우리의 삶이 성화되어 가듯이 끊임없이 노력하고 애써서 조금씩 이뤄가야 할 과제입니다.

선교 훈련을 받고 나서 선교지가 결정되면 파송하는 교회와 더불어 사역계획에 대해 논의하게 됩니다. 많은 선교사가 일 중심의 계획들을 세우게 되며 선교지에서 감당해야 할 일들을 결정합니다. 통합 선교의 관점에서 보면 선교사들이 빠질 수 있는 중대한 오류를 쉽게 찾아

낼 수 있는데, 그것은 바로 선교적 삶에서 가장 중요한 것은 눈에 보이는 업적이 아니라, 선교지의 사람들도 하나님이 사랑하시는 인격체이며 존중받아야 한다는 것이었습니다. 하나님께서 선교의 주체이시라는 Missio Dei를 선교 현장에서 이루기 위해 노력해야 합니다. 어떠한 일보다 앞서는 것은 주님이 베풀어 주시는 사랑입니다. 하나님이 그들을 사랑하시듯이 그들의 고통 받는 현실에 공감하고 그 삶 전체를 주님의 구속의 역사 아래에 놓이도록 돕는 일이 바로 통합 선교입니다.

●●●

통합에 대한 가장 흔한 오해는 여러 가지 구성요소를 모아 놓기만 하면 통합이라고 생각하는 것입니다. 내가 일하는 병원도 통합 의학센터를 수년 전에 출범하고 통합 의학을 구현하기 위해 노력하고 있습니다. 환자의 육신을 돌볼 뿐 아니라 영혼과 마음을 돌보는 일에는 구성원 모두가 같은 강도의 부담감과 책임의식을 갖고 대하는 것이 이상적입니다. 하지만 통합 의학을 한다는 많은 센터가 양방과 한방이 같이 있다거나 양방의 현대 의학에 덧붙여 보완대체의학을 같이 하는 것을 통합이라고 말하곤 합니다.

물론 팀원 각자의 고유한 역할이 있기는 하지만 환자 전인의 회복이라는 공통의 목표를 이루려는 노력은 모두가 다 같이 해야 합니다. 목사는 복음을 전하고 영적으로 돌보고 상담가가 마음의 치유를 감당할 것이기 때문에 의사는 육신의 병만 잘 돌보면 된다는 식의 사고는 진정한 통합이라 볼 수 없습니다. 또 치유하시는 하나님께 대한 신앙을 빼놓고는 통합적 치료를 한다는 것 자체가 어불성설입니다.

복음 전도와 사회 참여

복음주의 진영의 선교는 전통적으로 복음 전도에 치중하는 모습을 보였는데 1966년 휘튼에서 열린 교회의 세계선교에 관한 회의에서 구원, 전도는 무시하지 않으면서 사회적 책임과 참여를 촉구했습니다. 1966년, 휘튼선언[The Wheaton Declaration]

1974년 로잔 세계 복음화 국제대회를 개최하면서 당면한 에큐메니칼 선교 신학의 도전에 반응하는 복음주의 선교 신학을 정립하게 됩니다. 이 대회에서 존 스토트는 선교, 복음 전도, 대화, 구원 그리고 회심과 같은 용어들의 성서적 주석을 에큐메니칼 그룹의 사용과 구분 지었는데 이곳에서 그는 '선교'를 복음 전도와 그리스도인의 사회적 책임 양자를 다 포함하는 넓은 의미로 재해석했습니다. 이현모, "복음주의 선교신학의 동향"

통합의 관점에서 보면 복음 전도와 사회 참여를 두 개의 요소로 인지하는 것조차도 이분법적인 사고로 이해할 수 있습니다. 복음 전도를 하는 것이 사회 참여의 형태로 나타나야 하고, 사회 참여를 통해 복음이 드러나도록 해야 합니다. 두 가지 개념이 결국 같은 것이며 하나의 요소에 다른 요소가 내포되어 있어서 구분하기 힘든 선교가 통합 선교라고 할 수 있습니다.

●●●

지역사회 개발을 하는 많은 NGO^(무정부 기구) 단체들은 빵을 주는 것이 선교라 하고, 전통적인 교회개척, 제자훈련을 하는 목회자 출신의 선교사들은 복음이면 충분하다고 말합니다. 선교지에 알맞은 선교전략을 세워서 효율적인 선교를 하려면 각각의 상황에 맞게 다른 모습을 가져야 할 것에는 이견이 없으나 선교의 본래 정신을 훼손해서는 안되겠습니다. 서로 "빵이 먼저다.", "복음이 먼저다."라며 논쟁을 벌이기도 하는데, 이렇게 어느 한쪽의 극단으로 치우치기보다는 빵을 주면서 복음을 드러내고, 복음을 증거 하면서 빵을 나눠 주면 될 것입니다. 그러기 위해서는 서로 존중함으로 '하나님의 선교'의 자원으로 모두 연합하고 힘을 합치는 것이 더 중요할 것 같습니다.

서구의 NGO들이 후원금 대부분을 사무실 운영경비로 쓴다는 기사를 읽은 적이 있습니다. 우리나라도 OECD에 가입하면서 많은 재원을 다른 나라를 위해 쓰고 있는데, 이 자금을 둘러싸고 새로운 시장이 형성되어 있다는 이야기도 들었습니다. 단체가 존립하는 것도 중요하지만, 초심을 잃지 않고 하나님이 주신 사명을 끝까지 잘 감당할 수 있기를 기도해야겠습니다.

성육신의 참 의미

기독교의 핵심 원리인 성육신은 하나님이 인간의 몸을 입으시고 모든 조건에서 인간과 같이 된 것을 의미합니다. 선교의 중요한 원리로서 성육신의 원리가 있습니다. 우리가 선교지에 가서 이 땅에 오신 예수님처럼 현지인들에게 강자와 가진 자로서 그들 위에 서지 말고 그들의 친구가 되어야 한다는 것입니다.

그런데 많은 선교사가 선교적 의미의 성육신을 그 사람들과 비슷하게 수염을 기르거나 옷을 입고 그들의 언어를 배우는 정도로만 생각하곤 합니다. 하나님이신데 자기를 비워 종의 형체를 가져 사람들과 같이 되고 사람의 모양으로 나타나신 것과 우리가 선교지의 원주민들과 비슷한 상황에 부닥치는 것은 비교할 수 없는 엄청난 차이가 있습니다. 우리는 결코 하나님이 인간의 모습으로 우리 곁에 오신 것을 흉내조차 낼 수 없는 존재들입니다. 그것을 흉내 내서 우리가 그들과 비슷한 모습으로 낮아지겠다고 하는 것은 어쩌면 교만일지도 모릅니다. 선교사들이 성육신적 삶을 표방하면서도, 현지인들에 대해 우월감을 갖고 그들을 열등한 존재로 여기면서 그들 위에서 군림하곤 합니다. 자신들은 축복받은 민족이고 그들은 저주를 받은 족속이라고 생각하며 이런 차이를 당연한 것으로 여깁니다. 그러면서 선심을 쓰듯이 그들 앞에서 음식을 같이 먹고 외모를 비슷하게 꾸미면서 그것이 대단한 성육신적 선교라고 하는 것입니다.

성육신은 낮아짐의 의미도 있지만 같아짐의 의미도 있습니다. 우리가 누리는 자녀로서의 권위와 모든 복락을 그들도 똑같이 누릴 수 있기를 바라면서 그들의 구원에 우리가 참여하는 일은 실천 가능한 성육신이 될 것입니다. 열등한 존재로 여겨 평생 그렇게 살 수밖에 없다는 생각을 버리지 않는다면 진정한 성육신을 이룰 수가 없습니다. 분명히 반복적인 죄를 지을 것을 뻔히 알면서도 그런 우리를 하나님의 자녀라 칭하시고 구원하기 위해 오신 예수님의 그 호의가 그들에게도 똑같이 베풀어져야 합니다.

더 앞선 성육신의 개념은 '올림'입니다. 상대방을 나보다 더 존귀한 자로 여기는 것입니다. 그에게 존재하는 하나님의 형상을 발견하고 그것을 통해 교훈을 얻고 하나님이 날 사랑하셔서 보내 주신 귀한 선물로 여기는 것입니다. 내 곁을 스쳐 지나가는 모든 사람은 결코 우연한 존재가 아니라, 어떤 의미 있는 존재로서 주님이 허락하신 사람들입니다. 광야에 있던 요한이 예수님이 흥하여야 하겠다고 고백했듯이 우리도 그들이 더 큰 하나님의 은혜 가운데 거하게 해 달라고 복을 빌어야 할 것입니다.

●●●

내가 존경하는 한 목사님은 성육신을 설명할 때 우산의 비유를 드시곤 합니다. 성육신은 비가 오는데 비 맞는 사람과 같이 우산을 쓰고 가는 것이 아니라 우산을 버리고 같이 비를 맞는 것이라고 말씀했습니다. 우산이 좋은 것을 알지만, 그들과 같아지기 위해 기꺼이 비를 맞을 마음을 갖는 것이 진정한 낮아짐이라는 말입니다.

대학시절 여름 수련회 때 다미안 신부에 대한 연극을 했던 적이 있습니다. 콩트였지만 깊은 감동이 있었습니다. 다미안 신부는 한센병 환자 격리지역인 하와이 몰로카이 섬에 들어가 그들과 16년 동안 동고동락한 최초의 백인이었습니다. 그는 자신이 한센병에 걸리지 않아 환자의 고통을 다 이해하지 못하는 것을 안타까워하며 "주님, 저에게도 같은 나병을 허락하시어 저들의 고통에 동참하게 해 주소서."라고 기도했다고 합니다. 집 없는 사람에게 집을 지어 주고 손가락이 없는 사람의 고름을 자신의 손으로 직접 짜 주었습니다. 결국 자신도 나병에 걸렸고 마흔아홉의 나이에 숨을 거두었습니다.(가반 도우즈, 『문둥이 성자 다미안』, 바다출판사, 2001.) 우리가 손해를 보지 않고 남을 사랑으로 섬기는 것은 불가능합니다. 흉내는 낼 수 있어도 능력이 드러나기가 쉽지 않을 것입니다.

누가 더 선교를 잘 하는가?

한 교회에 이틀간 선교 집회가 열리기로 되어 있었습니다. 첫째 날은
미국의 유명한 대학에서 박사학위를 받고 선교사가 되어 선교지에서
후진을 양성하는 선교사가 오기로 되어 있었고, 둘째 날은 많이 배우
지는 못했지만, 직장에서 늘 모범을 보이며 올바른 신앙인의 삶을 살
아가는 한 자매가 오기로 되어 있었습니다.

만약 이틀 중에 하루만 참석해야 한다면 누구의 집회에 가겠습니까?
십중팔구는 첫째 날의 집회를 선택할 것입니다. 그렇다면 누가 더 하나
님의 선교를 잘 감당하고 있는 것일까요?

한국 교회에 편만하게 펼쳐진 성공주의는 선교계에도 마찬가지로 적
용되고 있습니다. 소위 성공을 한 사람이 선교하면 많이 내려놓은 것으
로 인정되어 사람들의 부러움을 사게 됩니다. 편하게 갈 수도 있는데
더 많이 내려놓았기 때문에 헌신이 더 크다고 생각하는 것입니다. 그러
나 하나님의 입장은 다릅니다. 하나님이 선교의 주체라면 모든 사람을
그 선교에 최적화되도록 사람들을 배치하고 사용하실 것입니다. 다시
말하면 '하나님의 선교'의 관점에서 보면 우리가 사소하게 여기는 영향
력이 별로 없을 것 같은 사람도 너무 귀하게 쓰고 계시다는 것입니다.

우리가 섣불리 그 각자의 역할을 판단하거나 평가해서는 안 됩니다.
하나님이 두실만 하니까 두시는 것이고 보실만 하니까 지켜보시는 것

인데 무슨 큰 잘못이나 한 것처럼 추궁해서는 안 됩니다. 하나님 나라에서 우리 각자에게 맡긴 고유한 역할을 기억하면서, 서로 존중하고 서로의 연합 가운데 하나님의 선교가 효율적으로 이루어질 것에 대해 생각해야 합니다.

지체들이 서로 상합하고 연락하여 만들어지는 교회에서 더 약하게 보이는 지체가 더 요긴할 수 있습니다. 우리가 본받아야 할 것은 겉으로 드러난 화려한 경력이 아니라 얼마나 하나님과 친밀한가에 대한 것입니다. 모두가 선교지로 나갈 수는 없으며 누군가는 파송된 선교사를 위해 기도해야 하고 누군가는 선교사를 후원하기 위한 재정을 마련하기 위해 생산 활동에 참여해야 합니다. 이 모든 사람의 역할들이 하나로 어우러져 '하나님의 선교'라는 작품으로 만들어집니다.

●●●

선교지로 나가기 전에 후원 교회를 연결하기 위해 몇 교회를 다니며 내 소개를 했는데, 어디를 가나 목사님과 성도들이 나에게 던진 말은 항상 같았습니다. 잘 나가던 외과 의사라는 직업을 관두고 선교사가 되었으니 대단하다는 것이었습니다. 물론 사람들의 호의에 감사한 마음이 들긴 했지만, 내가 의사라서 더 가치를 매겨 주는 것 같은 분위기는 매번 마음을 불편하게 만들었습니다. 하나님의 자녀로서 내가 가진 고유한 최고의 가치에 대한 평가가 아니라 비교적 높은 사회적 신분에 대한 대우로 느껴졌기 때문입니다. 지금도 2만 명의 한국 선교사들이 세계 각지에서 다양한 모습으로 복음을 위해 헌신하고 있는데, 그분들의 헌신을 귀하게 여기고 우리가 도울 일이 있다면 최선을 다해서 협력해야겠습니다.

전문직의 스펙트럼

그렇다면 왜 우리에게 이런 직업을 주셨을까요? 우리에게 주어진 직업이 생계유지를 위한 밥벌이 수단이나 전문성을 극대화하기 위한 수단쯤으로 여길 수도 있습니다. 이 직업을 통합의 관점에서 보면 아래와 같은 스펙트럼으로 표현할 수 있습니다. 김영걸, "통합론적 관점에서 본 Business와 전문직의 왕국적 의미와 가능성", 2007, 설악포럼.

예전에 중국에서 사역하는 한 선교사는 본인의 신분을 위장하고 안정적인 거주를 위해 중국 진출 한인 기업의 부장이라는 직함을 갖고 사역을 하고 있다는 이야기를 들었습니다. 이 경우는 직업을 위장의 도구로 쓰는 것입니다. 어떤 선교사는 이슬람교도들에게 자연스럽게 접근하기 위해서 정기적으로 음식을 나누어 주거나, 무료 진료소를 열어서 환자를 치료해 주기도 하는데 이것은 접촉의 기회라고 할 수 있습니다. 각자의 전문성을 갖고 선교를 하면서 하나님 사랑의 통로로 사용한다면 이것은 더 통합적인 선교가 될 것입니다. 통합의 최고의 경지는 절대 진리의 증거입니다. 자기 일이 복음으로 드러난다면 그만큼 가치 있는 일은 없을 것입니다.

요즘 전문인 선교가 주목 받으면서 BAM^{Business As Mission} 이라는 개념이 유명해지고 있습니다. 방선기 목사는 BAM은 전문인 선교에 비해서 선교 지역에 경제적인 면에서 더 기여하는 바가 많으며 특히 선교지에서 일자리를 만들어 낸다는 의미에서 전문인 선교보다 더 많은 영향력을 발휘할 것을 기대할 수 있다고 했습니다. 위에서 말한 위장의 도구는 BFM^{Business For Mission} 이라고 할 수 있는데, 이는 거짓말을 하는 것이기 때문에 기독교의 신뢰성에 오점을 남길 수 있습니다. 비즈니스는 실제적인 이익을 내야 하고 탁월함을 추구하며 책임성이 따라야 합니다.방선기, "BAM의 정의"「선교 타임즈」2011년 4월, 통권 제176호 p 9~11.

선교에서 직업의 통합적 스펙트럼은 선교냐 아니냐의 차원이 아니라 정도의 차이로 나타나므로 우리의 직업이 절대 진리의 증거의 방향으로 변해가도록 항상 염두에 두고 애써야 할 것입니다.

● ● ●

선교사들이 합법적으로 선교지에 거주하는 방법은 학생 신분으로 공부를 계속하거나 회사에 취직하는 등의 노력을 통해서 안정적인 비자 발급 과정을 확보해야만 합니다. 머물 수 있어서 사람을 만날 수 있고 사역이 이루어지기 때문에 비자를 발급받는 일에 많은 노력을 기울여만 합니다. 태권도 도장을 열거나 상점을 열기도 하고, 학교를 세워 학생을 가르치기도 합니다. 이러다 보니 선교에 모든 역량을 쏟아 부어야 하는데 그 에너지가 분산되기 마련입니다. 심지어 어떤 선교사는 아예 선교사를 사임하고 현지에서 사업하는 분도 있습니다. 선교 후원으로 조금씩 마련한 자산이 불어서 현지의 부자가 되는 경우도 있습니다. 선교라는 이름으로 이뤄지는 모든 사역이 하나님께 부끄럽지 않게 드려지기 위해서 통합의 스펙트럼을 오른쪽 절대 진리의 증거 쪽으로 옮기는 노력이 절실합니다.

의료의 통합을 예로 들어

통합에 대한 이해가 있었던 후로 삶의 전 영역에 큰 변화가 왔습니다. 사람들의 눈에는 여전해 보이겠지만, 그 내면의 변화는 엄청난 것이었습니다.

수술하기 전날에는 늘 다시 한 번 교과서를 펴 보고 최근의 치료 경향에 대해 논문을 읽곤 했습니다. 그 환자가 받을 수 있는 가장 좋은 치료를 해 주고 싶은 욕심 때문이었습니다. 예로 수백 명의 급성충수염 환자의 상처 감염률이 1% 내외였었는데 거의 전무후무한 기록이라 할 수 있을 정도로 놀라운 결과였습니다. 치료를 잘 받고 퇴원하는 환자들이 고맙다고 할 때마다 이렇게 이야기했습니다.

"십 분의 시간을 주신다면 좋은 선물을 드리겠습니다."

대부분 환자는 컴퓨터에 들어 있는 다리예화 그림 http://www.navigators.or.kr/bridge.html 을 보면서 복음을 제시받았고, 그 중 많은 분이 예수님을 영접하였습니다.

통합 선교를 접하고 나서 눈에 보이는 저의 진료 패턴은 큰 차이가 없었습니다. 하지만 저의 의료 행위 자체가 그리스도의 피로 구속되기를 바라면서 더 진심으로 환자를 대하게 되었습니다. 직업은 세상의 한 가지 도구만이 아니라 하나님의 피조 영역입니다. 무질서, 타락, 죄, 질병, 고통, 모든 어그러짐 가운데 있는 사람과 모든 피조물이 회복하도록 돕는 일입니다. 의료는 단순히 질병에 대한 돌봄이 아니라 전인격의 회복과 치유를 도움으로 구원에 이르는 연속선상에 있다고 여기게 되었습니다.

화상 환자를 치료하면서 날마다 돋아나는 새 살을 보면서 거기에도 하나님의 구속하심 구원 이 존재함을 느꼈습니다. 소독약만 몇 번 발라 주었는데 일주일이 지나 실밥을 뽑으니 말끔하게 붙어 있는 상처를 보면서 거기에서도 완성을 향해 가는 구원의 단계들을 보았습니다.

여기 제시한 의료 말고도 어떤 직업이든지 이런 의미가 있습니다. 공사장에서 하는 허드렛일부터 고위직으로 정치하거나 법관으로 일하는 것까지 모두 구속되어야 하며 복음의 메시지로 드러나야 합니다.

●●●

심한 담낭염으로 개복수술을 받은 환자분이 있었습니다. 웬만하면 복강경으로 수술할 텐데, 너무 심해서 하는 수 없이 개복했던 분입니다. 당뇨, 고혈압 등 만성질환을 앓고 계셔서 상처가 잘 나을지 염려하기도 했는데, 봉합해 놓은 상처가 한 열흘 후에 붙지 않고 다 벌어졌습니다. 병동에서 난리가 났다고 연락이 와서 올라가 보니, 아들이 와서 차트를 집어 던지고 욕지거리가 난무했습니다. 그 험악한 상황에서 그 보호자의 격앙된 감정을 가라앉게 하는 것은 쉬운 일이 아니었습니다. 그럼에도 모욕적인 말도 들어가며 마음을 달래가며 두 주 정도 잘 치료하여 상처가 깨끗이 나았습니다. 그 아들이 나에게 찾아와서 "이제부터는 선생님을 봐서라도 더 열심히 살아 보겠습니다."라고 말했습니다. 환자의 상처를 치료하는 동안 많은 스트레스도 받았지만, 도리어 긍휼히 여기는 마음으로 성심껏 치료해 드린 것이 그 아들에게도 전해졌던 것 같습니다.

보내는 선교사, 가는 선교사

모 선교단체에서 출판된 『보내는 선교사』라는 책이 있습니다. 이 책에서는 가는 선교사가 있고 보내는 선교사가 있는데 보내는 선교사는 격려, 물자, 재정, 기도, 연락, 귀환 후원을 할 수 있다고 말합니다. 예전에 다니던 교회에서는 성도들을 격려해 '무릎 선교사'를 세우는 프로그램을 하기도 했습니다. 선교를 이렇게 다양한 구성원들이 힘을 합쳐 하는 것에 대해서는 이견이 없으나, 자칫 잘못하면 빠질 수 있는 오류가 있기 때문에 여기서 짚고 넘어가고자 합니다.

이 개념에 의하면 우리가 선교 현장에 직접 갈 수 없는 대신에 여러 가지 형태로 선교사를 돕는 일을 통해 직, 간접적으로 선교에 동참하자는 이야기입니다. 그렇다면 가는 선교사는 모든 것을 포기하고 헌신했으니 대단한 선교사이고, 이곳에서 직장에 다니면서 편안하게 신앙생활하며 선교를 돕는 '보내는 선교사'는 덜 귀한 선교사 같은 느낌이 듭니다.

우주적인 교회의 개념을 설명할 때 교회의 지체는 비록 작을지라도 귀하다고 했습니다. '하나님의 선교'에서도 어떤 형태이든 간에 함께하는 모든 일은 비교할 수 없는 고유한 가치가 있습니다. 도리어 가는 선교사는 보내는 선교사와 교회의 도움으로 선교지에서 선교할 수 있으니 그들에게 큰 감사를 드려야 합니다. 그렇다고 그분들의 헌신을 깎아 내리는 것은 아니지만, 나가 있기 때문에 더 큰 헌신을 했다고 할 수는 없습니다. 하나님께서 그분들에게는 특별한 상을 주실 것이기 때문에 이곳에 머무는 사람에 대해 보상심리를 가져서는 안 됩니다. 각자의 고유한 역할이 있는 것이고, 그 역할은 주님 보시기에 너무나 값진 것인데 우리가 굳이 서열을 정하고 평가할 필요는 없습니다.

통합 선교의 개념은 도리어 삶의 현장이 선교지라는 생각을 합니다. 가는 선교사는 그 땅에 이사 가서 사는 것이 선교이며, 보내는 선교사는 이곳에서 진짜 그리스도인으로 사는 것이 선교입니다. 정상적인 그리스도인은 세계를 품고 세상에 그리스도의 복음이 가득하기를 기도합니다. 선교에 대한 그들의 역량은 우리가 상상하는 것 이상입니다. 이렇게 선교사를 '가는'과 '보내는'으로 꼭 나누어야 할 필요가 없습니다.

●●●

기독교에서 선교사 앞에 다양한 단어를 붙여 'OOO 선교사'로 부르고 있는데, 이런 현상은 일종의 마케팅이라고 볼 수도 있습니다. 다는 아니겠지만, 대중에게 선교의식을 고취한 결과로 교회와 선교단체로 더 많은 후원과 관심을 이끌어 내고, 성도들에게는 선교에 대한 부담감을 덜어주는 셈이 됩니다. 성도가 감당해야 하는 선교는 신앙의 일부 정도로 이해되어서는 안 되고 삶 전부가 선교적이 되어야 합니다.

교회에서 비전을 물어보면 대개는 선교와 관련된 것으로 이해합니다. 이런 분위기에 편승하여 심지어는 선교를 교회 성장을 위해 좋은 아이

템으로 활용하는 교회도 있는 것 같습니다. 선교하는 교회가 되기 위해 많은 투자를 아끼지 않으면서 몸부림치는 교회도 있지만, 성도들에게 선교를 강조함으로 그들의 관심과 더 많은 헌신을 끌어내고 그 결과로 교회의 부피가 커지는 쪽으로 방향성을 갖는다면 선교를 했다기보다는 선교를 활용했다고 말하는 편이 더 좋을 것입니다.

누가 선교사인가

하나님께서 우리에게 문화 명령The Cultural Commission 과 지상 명령The Great Commission 을 주셨습니다.

> 하나님이 그들에게 복을 주시며 하나님이 그들에게 이르시되 생육하고 번성하여 땅에 충만하라, 땅을 정복하라, 바다의 물고기와 하늘의 새와 땅에 움직이는 모든 생물을 다스리라 하시니라.　　　　　　창세기 1:28

> 그러므로 너희는 가서 모든 민족을 제자로 삼아 아버지와 아들과 성령의 이름으로 세례를 베풀고 내가 너희에게 분부한 모든 것을 가르쳐 지키게 하라 볼지어다 내가 세상 끝날까지 너희와 항상 함께 있으리라 하시니라.　　　　　　마태복음 28:19-20

명령은 하고 싶으면 하고, 말고 싶으면 마는 것이 아닙니다. 우리는 우리를 그리스도 예수의 군사로 부르신 주님께서 하신 명령을 지킬 의무가 있습니다. 문화 명령은 에덴동산에서 쫓겨난 이후에도 노아에게도 명령했고,^{창 9:1-7} 지금까지도 지속하는 하나님의 요청이라 할 수 있습니다. 칼빈은 이 명령은 우리가 예수 그리스도 안에 있을 때에만 완전하게 성취될 수 있는 대 명령이라고 했습니다.

지상 명령은 선교의 현장으로 가라는 것입니다. 선교의 현장은 타문화 지역뿐만 아니라 가정, 학교, 교회, 일터 등 다양한 일상의 무대를 포함하며 우리와 다른 세대 또한 그 대상이 될 수 있습니다. 정보 통신이 발달하면서 전 세계가 일일생활권이 되고 실시간으로 어디서나 메시지를 주고받는 시대에 살고 있기 때문에 선교의 전후방을 따지기가 어려워졌습니다. 단일 민족을 자랑하던 우리나라에도 수많은 외국인이 들어와 살게 되면서 이제는 다문화 국가가 되어 가고 있습니다. 이슬람 교인들을 만나기 위해 외국으로 나가지 않더라도 쉽게 주변에서 만날 수 있으며, 한국에 이미 십여 곳의 이슬람 종교시설이 들어섰습니다. 세대 간의 격차 또한 선교의 대상입니다. 젊은 세대의 언어와 문화는 다분히 이질적이어서 타문화라고 할 만합니다.

우리는 다양한 형태의 선교지에 살고 있습니다. 선교는 신학대학을 나와서 목사 안수를 받고 타문화 지역에 가서 교회를 세우는 것만을 말하는 것이 아닙니다. 예수님은 우리 모두가 선교사이길 원하고 계시며 지상 명령에 순종함으로 곳곳에서 주의 제자들이 우후죽순처럼 세워지길 소원하고 계십니다.

●●●

인턴 시절 파견근무 때부터 알고 지내는 한 간호사 선생님은 나의 믿음의 동역자입니다. 가끔 연락할 일이 있어서 통화하면 나에 대해 깍듯하게 '선교사님'이라는 호칭을 써 줍니다. 그리고 선교사로서의 정체성을 잃지 않기를 늘 부탁하곤 합니다. 교회에서 사람들은 나를 선교사로 부르지만, 겉으로 드러나는 모습은 다른 성도에 비해 다를 것이 별로 없습니다. 나는 그리스도인으로서 평범한 직장인이고 다섯 아이의 아빠이기도 합니다. 하지만 아주 적은 선교 관련 일을 한다고 아직도 선교사로 불리는 것은 나에게 매우 유익합니다. 모든 성도는 다 선교사라고 외치면서 내가 선교사가 아니면 앞뒤가 맞지 않습니다. 또 성도와 별다를 바 없는 내가 선교사이듯이 여러분도 선교사로 사셔야 한다고 강조하기도 좋습니다. 사람들이 나를 선교사로 부를 때마다 나는 절로 사명을 자각하고 내 삶이 더 선교적이 되기를 애쓰게 됩니다. 선교사라 불리는 그 이름에 어울리는 진짜 선교사가 되고 싶습니다.

사람들을 하나님의 자녀로 볼 수 있다면

하루에도 수백 수천의 사람이 우리 곁을 스쳐 지나갑니다. 그 속에서 우리는 나름의 삶을 영위하고 있고 무엇인가를 열심히 감당하고 있습니다. 그 수많은 사람을 어떻게 바라보느냐 하는 것은 우리 삶에 큰 변화를 가져다 줄 것입니다. 최첨단 무전기를 가지고 있다 하더라도 그것이 세상에 한 대뿐이라면 아무런 쓸모가 없는 물건이 되어 버립니다. 그 무전기가 가치를 발휘하려면 어딘가에 다른 무전기가 있어야 하고 그 기계를 사용해서 서로 대화를 나눌 때 비로소 진정한 가치가 드러날 것입니다.

하나님은 나에게 하나님의 자녀라는 고귀한 신분을 주셨는데 그 신분이 제 가치를 드러낼 때는 신분이 천한 사람 가운데 있을 때가 아니라, 나보다 더 값져 보이는 사람들 가운데 있을 때입니다. 내가 존재를 인식할 수 있는 사람들은 누구도 예외 없이 고귀합니다. 그들이 고귀하다고 느껴질 때 하나님의 자녀로서의 나의 진가가 드러납니다. 하나님은 나만큼이나 그들을 사랑하시고 귀하게 여기고 계시며 지금도 마음 아파하고 계십니다. 그들은 하나님이 나에게 허락하신 선물이어서 비록 내가 그들을 돕는 처지에 있을지라도 그것이 그들을 위한 나의 섬김이 아니라, 나에게 베푸신 하나님의 은혜라는 것을 깨달아야 합니다.

사람들을 하나님의 자녀로 볼 수 있다면 우리는 하나님의 선교사입니다. 그 사랑과 긍휼함으로 그들을 대하는데 어찌 가장 귀한 선물인 복음이 전해지지 않겠습니까? 이 기본이 우리 삶에 실천된다면 선교는 저절로 될 것입니다.

●●●

어느 날 꿈을 꾸었습니다. 내가 길을 걷고 있는데 주변에 많은 사람이 오가고 있었습니다. 그런데 신기하게도 사람마다 믿는 사람과 안 믿는 사람이 다 구분이 되는 것이었습니다. 안 믿는 사람이 지나갈 때는 특별한 경험이 있었습니다. 심장을 쥐어짜는 듯한 형언할 수 없는 고통이 내면 깊은 곳에서부터 몰려 왔습니다. 순간 로마서 8장 26절의 말할 수 없는 탄식(groaning)이 떠올랐습니다. 나는 마음이 저리고 도저히 견딜 수 없어서 간절함으로 그 사람들에게 하소연했습니다. "하나님이 당신 때문에 너무 아파하세요. 제발 예수님을 믿으세요! 당신은 존귀한 하나님의 자녀입니다. 제발 부탁입니다."

선교사는 사람들을 하나님의 자녀로 볼 수 있는 사람이며, 아버지의 마음으로 그들을 품을 수 있는 사람입니다. 사는 날 동안 바로 우리가 이 일을 감당해야 합니다.

Chapter 7

개방형 공동체

개인의 회복을 통한 공동체의 회복

하나님께서 훗날 믿음의 아버지가 된 아브라함에게 고향과 친척과 아버지의 집을 떠나 하나님이 보여 주실 땅으로 가라고 명령하시면서 다음과 같이 축복했습니다.

> 내가 너로 큰 민족을 이루고 네게 복을 주어(바라크; בָּרַךְ) 네 이름을 창대하게 하리니 너는 복(베라카; בְּרָכָה)이 될지라. 창세기 12:2

아브라함에게 축복하신 이 복베라카은 아브라함 한 사람만을 위한 것이 아니었습니다. 그것은 예수님까지도 포함하여 그의 민족과 후손까지 이어지는 공동체를 위한 복이었습니다. 오늘날로 말하면 세계나 인류 사회를 위한 복이 된다는 뜻이었습니다.

아브라함의 조카 롯이 거하던 소돔이 멸망할 때도 그 성읍 내에 의인 열 명이 있었다면 그 화를 면할 수 있었습니다. 하나님이 소돔과 고모라에 내린 유황과 불로 말미암아 수만 명의 사람이 죽어 갔습니다. 그 성읍에 있어야 할 단 열 명의 의인의 존재는 그 공동체의 존립을 위한 아주 중요한 잣대였습니다.^{창 18:32, 19:24-25}

고대 페르시아 제국의 수도였던 수산성에 거했던 왕후 에스더도 그 한 사람으로 말미암아 그 땅에 거하던 모든 유대인을 살리는 업적을 이루었습니다.

여기 제시한 예들 이외에도 성경에는 개인이 그 공동체에 미치는 영향에 대해 많이 언급하고 있습니다. 나 한 사람이 하나님 앞에 올바로 서 있음으로 말미암아 주님께서 내가 속해 있는 다양한 공동체에 영향을 미치는 것입니다.

공동체가 바로 서기 위해서는 그 공동체를 구성하고 있는 개인이 중요합니다. 공동체에 깃들여 있는 하나님의 계획을 잘 알고 서로 힘을 합쳐 일을 이뤄나가기 이전에 주님이 바라시는 것은 개인이 먼저 주님께 드려지는 것입니다. 한 사람의 회복은 곧 공동체의 회복을 의미합니다.

공동체의 회복은 그들 가운데 혜성같이 나타나서 무리를 이끌어 줄

강력한 지도자가 이루어 내는 것이 아닙니다. 지금 안고 있는 문제들을 지도자의 능력부족만으로 설명하기는 어렵습니다. 공동체가 올바로 세워지고 아름답게 다듬어지기 위해서는 하나님과 각 개인의 관계 회복이 우선되어야 합니다. 나 자신이 회복되었는데 살펴보니 전체가 회복되었다는 고백을 하게 만드실 것입니다.

●●●

기독교 병원에서 일하는 직원들은 다른 일반 병원보다 상처가 더 큽니다. 껍질은 기독교 병원이고 알맹이가 다른 병원과 비슷할수록 상처가 더 큽니다. 하나님의 영광을 위해 병원을 운영하겠다는데 속사정을 알아 갈수록 마치 하나님이 안 계신 것 같다고 말합니다. 기독교라는 상표를 붙였으니 어쩔 수 없이 욕을 먹을 수밖에 없는 것 같습니다.

한 해 동안 병원선교회 리더를 맡은 적이 있었는데, 첫 모임 시간에 회원들과 나눈 말씀이 '개인의 회복을 통한 공동체의 회복'이었습니다. 전체가 바뀌기 위해서는 우선 내가 바뀌어야 하며, 주님이 소돔에서 찾았던 의인 열 명이 되자고 말했습니다. 기독교 병원은 최고경영자가 만드는 것이 아니라 구성원이 만드는 것이라고 했습니다. 하나님이 하나님의 병원이라고 이름을 붙인 곳에 안 계실 리가 없습니다. 병원의 주인이 주님이시면 흥망성쇠도 관장하실 테니, 우리는 다만 맡은 역할을 잘 감당하면 됩니다. 각 처소에서 내가 그리스도인으로서의 그 역할을 다하면 누가 보아도 기독교 병원이 되는 것이고, 내가 직장을 비난하고 불평불만으로 가득 차 있으면 무늬만 기독교 병원이 되는 것입니다.

이 사실은 직장만 해당하는 것이 아니라, 우리가 속해 있는 그리고 앞으로 속할 모든 공동체에 해당하는 것입니다. 나 한 사람이 그 공동체에서는 없어서는 안 될 존재임을 심각하게 생각하고 삶의 방식에 더 신중해야 하겠습니다.

너는 나 때문이야

너라는 존재가 나에게 있는 것은 나를 향한 하나님의 배려입니다. 내가 너를 위해 무엇을 하는 것 같아도 따지고 보면 그것은 나를 위한 것임을 쉽게 알 수 있습니다. 왜냐하면 내가 아니더라도 너의 그 일을 주님께서 주관하시고 이루실 것이기 때문입니다. 다시 말하면 내가 꼭 필요해서라기보다는 너의 존재가 나에게 유익하므로 주님이 허락했다는 것입니다.

중요한 역할을 맡은 사람일수록 자신을 그 공동체에 마치 없어서는 안 될 존재처럼 여기곤 합니다. 그 역할이 미미할 때는 그 공동체에 소속된 것만으로도 감사하다가도 영향력이 커지면서 도리어 사람들이 자신에게 고마워해야 한다고 생각합니다. 그에 합당한 대우와 자신의 가치를 인정해 주기를 바라는 욕구가 일어나기도 합니다.

우리가 올바른 성경적 공동체를 이루려면 내 옆에 있는 너라는 존재가 나를 위해 주님이 주신 얼마나 큰 선물인지를 깨달아 알아야 합니다. 내가 하고 있는 역할은 돋보이지 않아야 하며 잘 녹아서 공동체 전체의 색깔로 드러나야 합니다. 주님은 그 공동체에서 내가 주인공이 되기를 바라지 않으시기 때문에, 하나님이 그 공동체의 주인공이 되셔야 합니다. 주인공 역할을 하고 싶은 사람이 많은 공동체를 건강하다고 하지 않으실 것입니다. 나 때문에 당신을 여기에 두신 하나님께 한없는 감사를 드려야겠습니다.

● ● ●

예수님을 인격적으로 만나고 하나님 섬기는 일에 한창 빠져 있을 때 이해 못 할 경험을 한 적이 있습니다. 선배 중에 인격적으로 성숙하시고 복음에 대한 열심을 가진 분이 계셨는데, 이상하게 그분이 싫었습니다. 사랑하는 후배라고 좋은 설교 테이프도 자주 갖다 주고 틈나는 대로 조언을 아끼지 않았습니다. 특히 전도를 열심히 해서 보는 사람마다 어떻게 해서든 복음을 전하려고 노력을 했습니다. 내가 싫은 티를 내도 아랑곳하지 않고 나를 챙겨 주는 그 선배 때문에 스트레스를 받을 정도였습니다.

나중에서야 내가 왜 그랬었는지를 깨달았습니다. 그 선배는 내가 못하는 것을 정말 잘하고 있었기 때문에 교만으로 가득한 내 마음이 무의식적으로 그 선배를 밀어내고 미워했던 것입니다. 나도 기도하면 응답받고 각종 은사를 주셔서 신앙이 만만치 않게 좋은데, 왜 나를 가르치려고 하느냐는 반발감이 생겼던 것 같습니다. 깨닫고서 주님께 회개했던 기억이 납니다. 주님께서는 아무 의미 없는 사람을 내 곁에 두시지 않습니다. 그 선배는 지금 선교사가 되어서 선교지에서 열정적으로 복음 전도사역을 감당하고 있습니다.

울타리와 우물

『새로운 교회가 온다』라는 책을 보면 울타리와 우물에 대한 이야기가 나옵니다. 양을 울타리 안에 키우려면 우선 양들이 빠져 나가지 않도록 울타리를 견고하게 쳐야 합니다. 그 다음에는 알맞은 먹이와 물을 줘야 하고 양들이 밖에 나가지 않도록 적절한 프로그램을 준비해야 합니다. 울타리에서 양을 키우는 사람은 반드시 등록 명부를 갖고 있을 것입니다. 교회의 프로그램들은 더는 교인들이 그들이 말하는 소위 세상에 나가지 않더라도 아주 즐거울 수 있도록 해 줄 수 있을 것입니다. 또한 울타리 밖에서 방황하는 양들을 보면 우리 양 떼가 아닌 다른 양 떼[비그리스도인]로 보게 되며 그들을 안타까운 마음으로 바라보기에 앞서서 자신들이 안전한 우리 안에 들어 있다는 사실에 안도감을 갖게 됩니다. 이 우리를 가득 채우려면 양들을 억지로 끌어모아야 합니다. 온갖 좋은 구실을 대며 교회로 유인해야만 합니다.^{마이클 프로스트, 앨런 허쉬, 『새로운 교회가 온} ^{다』, IVP.}

울타리	우물
농부는 자기의 가축을 안에 넣고 이웃 농장의 가축은 바깥에 두도록 자신의 토지에 울타리를 칠 수 있습니다.	너무 지역이 넓어 울타리를 칠 수가 없으면 농부는 우물을 만들어서 황야에 소중한 물을 공급합니다. 그러면 가축들은 여기저기 다니더라도 죽지 않으려면 우물에서 너무 먼 곳으로는 가지 않을 것입니다.

우리는 우물 구조를 지향해야만 합니다. 양들이 아무리 먼 곳을 떠돌더라도 결국은 물을 마시러 우물로 돌아올 것입니다. 그들이 우물로 돌아오는 길에 만난 다른 양들에게도 그곳에 가면 충분한 물을 마실 수 있을 것에 대한 좋은 소식을 전하고 가능하다면 그들을 데리고 돌아오게 될 것입니다. 이 구조에서 그 우물 물을 마시지 않았던 다른 양은 비#그리스도인이 아니라 미*그리스도인입니다. 다시 말하면 언젠가는 그 우물을 마시게 될 잠재적 일원으로 이해하는 것입니다. 아직 신앙이 없는 사람을 영원히 돌아오지 못할 사람처럼 치부하는 것보다는, 돌아올 여지가 있는 미그리스도인으로 부르는 것이 더 성경적이라 할 수 있습니다. 이 우물에 모이는 양들은 자발적 동기에 의해 아름다운 공동체를 이루게 될 것입니다.

●●●

『새로운 교회가 온다』(마이클 프로스트·앨런 허쉬 지음, IVP)라는 책을 읽다가 '미그리스도인'이라는 단어를 보았습니다. 비그리스도인이라고 써야 할 것을 잘못 쓴 것으로 생각하고 연필로 '미'자를 '비'자로 고쳤습니다. 그 이후에도 계속해서 미그리스도인이라는 단어가 나오는 것을 보고 순간 제 생각이 크게 잘못되었다는 깨달음이 왔습니다. 수십 년 동안 신앙생활을 해 오면서 신자-불신자로만 봐 오던 내 생각을 뜯어고치는 일은 결코 쉬운 일이 아니었고 지금도 그 작업은 계속 진행되고 있습니다.

지금은 사람을 볼 때마다 의식적으로 속으로 '하나님의 자녀, 하나님의 자녀'를 되십니다. 혹시 아직 안 믿고 있다는 것을 알게 되면 사랑으로 섬기고 싶은 마음이 더 간절해집니다. 나도 처음에는 미그리스도인이었기 때문에 내가 찾은 우물을 이분들께도 알려 주고 싶습니다. Niles는 "기독교란 한 거지가 다른 거지에게 먹을 것이 있는 곳을 알려 주는 것이다."라고 했습니다. (D.T. NILES, *New York Times*, May 11, 1986, "Christianity is one beggar telling another beggar where he found bread") 내가 그들에게 해 줄 수 있는 최고의 선물은 내가 뭔가를 주는 것이 아니라 내가 지금 누리는 것의 원천이 무엇인지를 알려 주는 것입니다.

✦

경계 구조와 중심 구조

현대의 많은 교회는 경계 구조로 되어 있습니다. 울타리를 쳐 놓고 그 안에서 양들을 양육합니다. 교회성장이라는 키워드가 유행하면서 서양의 큰 교회들이 하는 좋은 프로그램들을 벤치마킹해서 발 빠르게 한국 교회에 적용하고 있습니다. 교인들이 교회를 벗어나지 않도록 매우 재미있고 다양한 것들을 제공해야 합니다. 이러한 프로그램들은 다른 교회의 교인들을 흡수하여 교회의 세를 확장하는 데 도움이 됩니다.

경계 구조	중심 구조
끌어모으기	성육신적
비그리스도인	미그리스도인
등록교인 명부	모두가 공동체의 잠재적 일원

교인들의 수평 이동은 기독교 인구 통계의 기현상을 낳고 있습니다. 2005년 개신교 인구는 약 862만 명이었는데 한국 교회는 1,200만 기독교인이라고 대대적으로 선전하고 있습니다. 교인의 숫자는 교회의 힘이고 교단의 세력으로 파악되기 때문에 교인이 교회를 떠나더라도 등록교인으로 유지하려는 경향이 있습니다. 경계 구조에 속한 교회들이 등록교인 명부를 중시하면서 다른 교회 교인들을 끌어모으면서 생긴 기현상이 이러한 통계에 나타난 것입니다. 338만 명의 유령 교인은 우리의 연약한 모습을 적나라하게 드러내고 있는 셈입니다.

성경적 공동체는 중심 구조를 지향해야 합니다. 그 공동체는 구성원들을 위한 것이 아니라 세상을 위한 것이며 더 나아가서는 하나님을 위한 것이 되어야 합니다. 그 공동체를 관찰하는 모든 사람이 자신도 그 공동체의 잠재적 일원이라는 기대를 할 수 있도록 해야 합니다. 그들도 하나님의 자녀로서 그 공동체를 통한 혜택을 누릴 자격이 있는 것입니다. 그들이 목마르고 헐벗었을 때 그 아픔을 함께해 줄 수 있으며, 넘치는 사랑이 구현되는 그런 공동체가 되어야 할 것입니다.

●●●

교단 총회에 가면 목사님들끼리 각 교회의 등록 교인 수에 대한 관심이 많다고 합니다. 교인 300명이 넘으면 교회가 안정적이 된다는 공식도 있다고 합니다. 이렇다 보니 교회를 옮긴 후에도 교적에서 쉽게 이름을 빼버리지 못하는 것 같습니다. 물론 인사도 없이 살며시 사라지는 교인도 문제입니다. 2012년 교단별 통계를 보면 예수교 장로회 통합 측을 제외한 대부분 교단의 교인 수가 줄었습니다. 실제 교인 수는 줄어드는 데 수평 이동에 의해 기독교 인구가 느는 것 같이 느껴지는 것 같습니다.

나를 선교사로 파송한 교회에서 수년간 가정교회 시스템을 시행한 적이 있었습니다. 그 체계의 중요한 원칙 중 하나가 수평 이동하는 교인은 받지 않고, 오직 새 신자만으로 교회가 성장하도록 하겠다는 것이었습니다. 시행과정에서 진통도 많았지만, 교회를 새 신자로 채우겠다는 강한 집념은 높이 살 만하다고 생각합니다.

공동체가 세상에 기여하는 역할

어떤 사람이 손님의 입장으로 한 기독교 공동체를 방문했다면 그 구성원들에 의해 판단된 그 사람의 가치에 따른 접대를 받게 될 것입니다. 세상의 가치를 무시할 수 없는 현실 속에서 오는 사람마다 그 가치에 맞는 접대를 한다면 아마도 삶이라는 본연의 임무를 감당하기가 어려울 것입니다. 특히 대접받기를 원하는 사람이 많이 올수록 그 공동체는 시간, 재정 그리고 노력 등의 낭비를 경험하게 됩니다.

그렇다고 공동체의 지체들이 서로 좋아서 끼리끼리 지내기만을 고집한다면 울타리 공동체가 되고 말 것입니다. 세상에 물들지 않고 세상을 변화시키기란 너무도 어려운 과제입니다. 그 공동체의 존재 목적이 무엇인가에 따라 그 성격이 달라지겠지만, 세상을 변화시킬 공동체를 꿈꾸는 것이 필요한 시대가 왔습니다. 왜냐하면 교회가 복음의 능력을 잘 구현해 내지 못하는 시대가 되어 세상으로부터 수많은 질타를 받고, 여기저기서 기독교의 비리가 드러나고 내분이 일어나는 어지러운 현실 속에서 교회가 새로운 대안을 찾아야만 하는 절박한 상황에 들어섰기 때문입니다.

중심 구조의 모델에서는 세상에 대한 영향력을 쉽게 설명할 수 있습니다. 그곳에 가면 우물이 있기 때문에 사람들은 주저하지 않고 그 공동체가 혜택을 누리고 있는 쉼 없이 샘솟는 우물을 공유할 수 있을 것입니다. 그 우물은 흘러넘치는 사랑으로 표현할 수 있습니다. 그 물을 마시는 자마다 하나님과의 관계가 회복될 것입니다. 예수님이 말씀하신 생수의 강이 흘러넘칠 것입니다.

중심 구조 공동체의 지체들은 그곳에 누가 찾아오더라도 분주하게 호들갑을 떨지 않을 것입니다. 그들의 일상의 삶이 바로 복음이며 사랑의 표현이기 때문에 누구라도 그들을 접하는 사람마다 회복의 역사가 일어날 것이기 때문입니다. 다만 각자가 맡은 바 임무를 고요하게 수행했을 뿐인데도 놀라운 역사가 일어날 것입니다. 누구라도 존귀하다는 가치관에 따라 차별 없이 대한다는 한 가지 사실만으로도 사람들이 위로를 얻고, 그렇게 살아가는 그들의 평범해 보이는 삶이 강한 메시지로 나타나서 결국은 잃어버린 자로서의 그들의 처지를 청산하고 주님께로 돌아오는 역사가 일어나고 말 것입니다. 이런 공동체는 이제까지 우리가 보아 왔던 어떤 사역보다 더 큰 일을 감당하게 될 것입니다.

●●●

우리나라에서 가장 뛰어난 품질의 유기농 농산물을 생산해 내는 단체는 우리가 이단으로 여기는 공동체입니다. 통합 의학적 암 치료를 위해 보완대체의학을 시행하면서 환자의 면역을 올리기 위한 좋은 품질의 건강보조 식품을 찾다가 연결된 곳입니다. 유사 제품이 있지만, 그 효능을 따라가기가 어렵습니다. 그곳에서 함께 사는 사람들은 철저하게 채식을 하고 매우 검소한 생활을 합니다. 여럿을 만나 보았는데 누구도 비만한 사람이 없고 건강해 보였고, 성품도 아주 친절하고 온화했습니다.

그들보다 훨씬 큰 기독교에서 이런 제품이 나와야 하는데, 그렇지 못해서 하는 수 없이 그쪽 제품을 써야 하는 현실이 안타깝습니다. 한때 담당하는 박사님에게 다른 회사 것을 써야 하는 게 아니냐고 의견을 내기도 했지만 품질 차이가 너무 커서 어쩔 수 없다는 답을 들어야 했습니다. 제대로 된 공동체라면 이렇게 실력으로 승부해야 합니다. 세상은 절대 만만치 않으며 우리가 얼마나 큰 내공을 가졌는지도 잘 알고 있기 때문입니다.

공동체만이 살 길이다

현대사회는 개인주의 물질주의의 영향으로 사람들이 그들의 안전을 공동체에서 찾았던 과거와는 달리 물질에 의존하고 있습니다. 각종 보장성 보험과 연금 상품이 난무하고 상조회사 같은 것이 우후죽순 생겨나는 현상을 보면 쉽게 알 수 있습니다. 물질에 대한 신뢰는 거의 종교적 수준으로, 쓰지는 않더라도 쌓아 놓은 금력은 심리적 안정을 가져다 줄 정도입니다. 김영걸, "21세기 상황과 선교적 고찰", 설악포럼, 2011.

이러한 사회 현상에 대한 개혁은 본질로 돌아가려는 노력을 통해 이룰 수 있습니다. 돈의 권력에 빼앗겨 버린 공동체의 고유한 역할들을 되찾아야 합니다. 하나님이 우리 가운데 허락하신 서로 사랑하며 세워가는 성경적 공동체를 회복하려는 노력이 절실합니다. 이미 붕괴했고 지금도 야금야금 그 입지를 빼앗겨 가는 공동체의 고유한 역할들을 조금씩이나마 지켜내야 합니다.

개인주의가 만연하여 주위에 수많은 적이 진을 치고 있는 전쟁터와 마찬가지인 위기의 시대를 살아가면서 어디를 돌아보아도 나를 위해 생명이라도 바쳐 도울 친구를 찾기가 어렵습니다. 심지어는 아군이라고 생각했던 사람이 내 심장에 비수를 꽂기도 합니다. 이런 험난한 시대에 우리 그리스도인이 세상과 같이 돈을 의지하며 맘몬을 숭배하지 않는다면 택할 길은 공동체밖에 없습니다. 나 혼자서는 결코 이길 수 없는 거대한 싸움에서 살아남는 길은 너와 함께하는 길뿐입니다.

●●●

선교사 허입 과정에서 보험을 꼭 들어야 한다는 말을 들었습니다. 우리가 생명을 걸고 선교지로 가는데 하나님을 더 의지해야지 보험에 가입해서 되겠는가 하여 아내와 상의를 했지만, 단체의 규정이라고 해서 어쩔 수 없이 미국 회사의 생명보험에 가입한 적이 있습니다.

우리나라의 많은 선교사가 은퇴하거나 건강상의 이유로 한국에 돌아오게 되면 상황이 많이 어려워집니다. 국내에 있다는 이유로 후원금이 끊기게 되고 당장 먹고 잘 곳을 구하기도 어렵습니다. 그렇다고 회사에 들어갈 수도 없는 노릇이고 생산 활동을 하려 해도 자본이 없어서 꿈도 꿀 수 없습니다. 심지어는 선교사를 선교지로 보낸 교회조차도 그들을 품어 주지 못합니다.

하나님의 자원은 풍부한 데 서로 나누지 않아 쏠림 현상이 생겨 빈익빈 부익부 현상이 생깁니다. 그리고 사람들은 돈 이외의 안전장치를 잃어버리게 되었습니다. 예전과는 다르게 우리도 노후를 염려해야 하는 시대에 살고 있습니다. 그렇지만 사랑이 넘치는 공동체에 소속해 있다면 문제는 달라집니다. 돈이면 다 된다는 세상에서 그 이상의 가치를 발휘할 수 있는 것은 바로 공동체밖에 없습니다.

왜 공동체이어야 하는가?

오늘날 기독교를 바라보는 세상의 눈은 심상치 않습니다. '개독교'라는 말이 일반인이 기독교인을 일컫는 은어가 되어서 정통, 이단을 불문하고 다 한통속으로 취급받습니다. 기독교인이 신뢰를 잃어버린 지 오래되어서 우리는 지금 성직자라고 해서 우러러보거나 더는 존경하지 않는 시대에 살고 있습니다. 믿는 사람들조차도 하나님이 신자들에게 지혜를 주시니까 그걸 이용해서 다른 사람들을 속여 먹는다고 이야기합니다.

예수님 시대에 제자들이 훈련받는 방식은 아주 단순했습니다. 예수님께서는 "내가 너희를 사랑한 것 같이 너희도 서로 사랑하라.요 13:34, 15:12; 엡 5:2 "라고 말씀했고, 바울도 "모든 사람이 나와 같기를 원하노라.고전 7:7 "라고 말했습니다. 바울은 데살로니가교회와 디모데에게 자신들을 본받을 것을 말했습니다.

> 어떻게 우리를 본받아야 할지를 너희가 스스로 아나니 우리가 너희 가운데서 무질서하게 행하지 아니하며.　　　　　　　데살로니가후서 3:7

> 너는 그리스도 예수 안에 있는 믿음과 사랑으로써 내게 들은 바 바른 말을 본받아 지키고.　　　　　　　디모데후서 1:13

지금 이 시대는 이 본을 찾아보기가 참 어렵습니다. 그렇게 많이 존경하고 따랐던 목사님인데 상상하지 못할 사건이 터지면서 사람들은 마음에 큰 상처를 입고 교회를 떠나갑니다. 목사님도 다 똑같은 사람이라고는 하지만 그 마음의 상처를 가다듬기는 역부족입니다. 이런 소식이 세상에 전해지면서 교인들뿐만 아니라 사람들의 기독교에 대한 인식이 점점 더 나빠지고 있습니다. 타락한 세상에서 그래도 일말의 기대를 걸었던 종교인들의 타락은 더 큰 비난으로 돌아올 수밖에 없습니다.

우리와 교회의 잘못으로 깎인 점수를 다시 찾는 것은 그간 해 왔던 노력 정도로 극복할 수 있는 문제가 아닙니다. 뭔가 혁신적인 대안이 있지 않고서는 해결될 수 없는 큰 문제입니다. 주님 오실 날이 점점 가까워진다는 시간의 임박성 앞에 발만 동동 구르며, 이상하게만 꼬여가는 세상과의 관계를 그냥 지켜보다가 자포자기하는 심정으로 더 교회 안으로 모여들어 뭉치는 현상이 생긴다면 그것은 '지상명령'을 수행하는 제자의 모습이 아닐 것입니다.

이 심각한 시대적 문제의 해결책은 바로 공동체에 있습니다. 이제까지 해 봤는데 안 된다면 과감히 돌아서야 합니다. 사랑이 흘러넘치는 공동체는 분명히 세상을 변화시킬 힘이 있습니다. 서로 격려하며 서로에게 거울이 되어서 그리스도 예수님의 형상을 닮아가는 쉽 없는 노력이 쌓여서, 구성원들은 점점 성숙해 갈 것이고 사람들에게 더 많은 영향을 미치게 될 것이며 하나님이 보시기에 더 좋게 변할 것입니다.

●●●

반기독교 세력은 조직적으로 기독교를 비판하고 있습니다. 교회 내에서 생기는 온갖 불미스러운 일이나 목회자 관련 뉴스가 나오면 인터넷상에서 부정적 여론을 형성합니다. 2010년에는 "나는 자신의 창조물을 심판한다는 신을 상상할 수가 없다."라는 광고가 버스에 나붙기도 했습니다. 더 큰 문제는 기독교의 교리와 성경을 비판하면서 기독교 자체를 없애 버리려는 목적이 있다는 것입니다.

초대교회 시대에 로마의 기독교 박해는 엄청났습니다. 로마의 황제들은 12사도를 비롯한 수많은 그리스도의 제자들을 순교의 반열에 올려놓았습니다. 또 영지주의 같은 이단이 생겨나서 기독교를 위협하기도 했습니다. 하지만 그럼에도 기독교는 계속 승승장구했습니다. 그들은 어려움을 당할수록 더 뭉쳤고 함께 문제를 풀어 나갔습니다. 지금 분열되어 서로 싸우느라 바깥을 돌아보지 못하는 우리에게 절실한 과제는 공동체를 이루는 것입니다

개방형 공동체

'공동체'를 한다고 하면 사람들은 흔히 폐쇄 공동체를 생각합니다. 세상은 험하니 마음에 맞는 그리스도인끼리 모여 사는 은둔 생활을 떠올리기가 쉽습니다. 세상과 벽을 쌓고 그 안에서 자급자족하면서 하나님만 바라보며 사는 것은 수도원의 영성입니다. 그 수도원에 속해 있다는 사실만으로도 자긍심을 느낄 수 있는 대단한 것일 수 있습니다.

그러나 우리가 추구해야 할 공동체는 '개방형 공동체'이어야 합니다.

세상에 대해 널리 열려 있어서 누구라도 이곳에 접근할 수 있어야 하고 공동체가 가진 유형, 무형의 자원을 나눌 수 있어야 합니다. 하나님이 그 공동체를 허락하신 근본적인 이유를 생각해 보면 그 존재가 세상에 대해 복음의 능력을 행사하길 원하시는 것입니다.

공동체의 일원은 단지 자신에게 맡겨진 일을 충실히 감당하는 것뿐이더라도 각 개인이 모여 형성된 이 공동체의 위력은 세상을 뒤집어엎을 정도로 대단한 위력을 가지고 있습니다. 누구나 이 공동체에 노출되면 관계의 회복이 일어나게 해야 합니다. 하나님을 만나 영원한 생명을 얻고, 마음이 치유되어 이웃과 화평을 이루는 역사가 일어날 것입니다. 더는 끼리끼리 모이는 공동체에 집착하지 말고 담대함으로 세상에 열린 공동체를 만듭시다.

●●●

군의관으로 재직 중에 초대를 받아서 한 기독교 공동체를 방문한 적이 있습니다. 휴전선이 가까운 전방의 한 산골에 위치한 이 공동체에는 7~8가정이 모여서 살고 있었습니다. 농사를 같이 짓고 식사도 같이 한다고 했습니다. 사람들은 한결같이 밝고 행복해 보였습니다. 그때만 해도 공동체에 대한 개념이 없었던 터라 잘 모르긴 했어도, 그들이 거기에서 그렇게 살아가는 모습은 꽤 인상적이었습니다. 타락한 세상의 가치관에서 벗어나 성경적으로 꾸려가는 그 마을의 이념은 매우 훌륭해 보였습니다.

이런 공동체의 문제는 외부에 대해 배타적이 될 수 있다는 것입니다. 외부의 영향력이 공동체의 근간을 흔들 수도 있기 때문에 갖가지 안전 장치를 두고 폐쇄적인 형태를 띠게 된다면 자신들의 신앙 성숙에는 도움이 될지 모르지만, 주님의 지상명령을 수행하는 데는 분명 지장이 있을 것입니다. 건강한 공동체를 형성해 심지가 견고해져서 세상을 향해 개방된 공동체가 더 이상적인 형태입니다.

공동체의 핵심은 사랑

공동체가 유지되기 위해서 꼭 필요한 덕목이 있는데 그것은 바로 사랑입니다. 서로 다른 사람이 모여 하나가 되는 일은 진통의 연속일 것입니다. 나와 다른 의견을 내는 사람이 미울 수도 있고 내 의지대로 돌아가지 않는 일들이 마음을 상하게 할 것입니다. 모두 공평하게 나누어야 하지만 누군가는 더 가져가는 모습이 보일 것이고 또 상처를 받을 것입니다. 그래서 좋은 뜻으로 모인 사람들이 얼마 못 가서 흩어지는 현상들이 생겨납니다.

예수님께서 이 땅에 오셔서 제자들에게 '새 계명'을 알려 주셨습니다. 새 계명이 있다는 것은 소위 '옛 계명'이 있다는 말입니다.

새 계명:

> 새 계명을 너희에게 주노니 서로 사랑하라 내가 너희를 사랑한 것 같이 너희도 서로 사랑하라. 요한복음 13:34

옛 계명:

> 원수를 갚지 말며 동포를 원망하지 말며 네 이웃 사랑하기를 네 자신과 같이 사랑하라 나는 여호와이니라. 레위기 19:18
> 너희와 함께 있는 거류민을 너희 중에서 낳은 자 같이 여기며 자기 같이 사랑하라 너희도 애굽 땅에서 거류민이 되었었느니라 나는 너희의 하나님 여호와이니라. 레위기 19:34

옛 계명과 새 계명의 큰 차이점은 바로 "내가 너희를 사랑한 것 같이"에 있습니다. 예수님께서 구약의 계명이 있음에도 굳이 새 계명을 언급하신 이유가 무엇일까를 생각해 보았습니다. 주님께서 직접 시범을 보이시며 "내가 한 것처럼 너희도 따라서 하라!"는 메시지가 아닐까요? 예수님이 보여 주신 본은 당신이 우리를 위해 직접 희생을 당했고 기꺼이 죽기까지 했다는 것입니다. 우리가 해야 할 사랑은 바로 예수님이 보여 주신 자기 죽음의 사랑입니다. 내가 죽으면 싸울 일도 없고 경쟁과 시기심도 존재하지 않습니다. 다만 예수님의 피로 이루어진 화평만 존재할 뿐입니다. 따라서 공동체를 유지하는 핵심은 사랑이라고 할 수 있습니다. 우리가 서로 사랑할 때 사랑 그 자체이신 하나님의 속성이 공동체가 잘 녹아 세상에 아름다운 모습으로 드러나게 될 것입니다.

사랑하자! 존중하자! 아낌없이 섬기자!

우리의 이런 결심을 주님께서 기뻐하시고 이로 말미암아 우리가 모두 행복해질 것입니다.

●●●

학생 시절 기독학생회 모임의 리더를 하면서 후배들과 꽤 많은 상담을 했습니다. 이야기를 나누다 보면 후배들이 문제 해결의 실마리를 찾곤 했으며, 심지어는 눈물을 흘리며 기도하는 친구들도 여럿 있었습니다. 하나님께서 함께해 주셔서 그들이 꼭 들어야 할 말을 전달했다는 것에 감사했습니다. 그런데 이상한 것은 몇 달이 지나도 그 후배들의 삶에 큰 변화는 없었습니다. 옳은 말을 했지만, 그것이 사람을 변화시키지는 못했습니다. '왜 그럴까?' 하고 많은 생각을 했는데, 그때 깨닫게 된 것은 사랑이 없으면 안 된다는 것이었습니다. 아무리 옳은 말이라도 사랑이 없으면 그 말로 인해 사람이 변하지 않습니다. 그 사람을 깊이 사랑하는 사람만이 조언하거나 꾸짖을 자격이 있다고 생각하게 되었습니다.

아직 어린 나의 다섯 자녀도 사랑으로 훈계하는 것과 감정이 상해서 혼내는 것을 다르게 받아들입니다. 부모로서 자녀에게 무엇이든 해 주고 싶은 마음이 있고, 자녀 때문에 손해 보는 것을 두려워하지 않습니다. 혈연으로 이루어진 가정에서 경험할 수 있는 끈끈한 결속력의 원천은 피할 수 없는 운명으로 맺어진 사랑 공동체이기 때문입니다. 우리가 꿈꿔야 할 공동체도 이렇게 십자가로 경험하는 자기 죽음과 사랑에 근거한 건강한 공동체가 되어야 합니다.

나는 가짜다

나는 가짜다.
진실하지 않다면 거짓이다.

진짜는 겉과 속이 다르지 않다.
그 삶을 누구도 의심치 않는다.
믿고 맡기며
사람들에게 평가 받지 않는다.
죄가 드러날까 봐 염려하지 않고
주변의 사람을 의식하지 않는다.
그 마음에 평안이 넘치고
범사에 감사한다.
삶은 말씀을 전하는 것과 같다.

내가 진짜가 되려면
주님 말씀에 순종해야 한다.

용기를 내어 결단해야 한다.
기꺼이 십자가를 지려고 해야 한다.
그 고통은 주님이 주시는 은혜다.

나는 가짜다.
진짜가 되기 위해 몸부림치고 있기 때문이다.

나는 진짜다

나는 진짜다.
하지만 내세울 것이 없고 부족하다.
그럼에도 나를
주님은 존귀하다고 했다.

지금도 가짜로 살고 싶은 마음이 가득하다.
가자면 갈 수도 있다.
하지만
진짜로 머물기를 선택하곤 한다.
진짜가 되기 위한 고통이 가득해도
나는 진짜다.

사람들은 이제까지 내가 진짜라고 믿고 있다.
나는 한때 사람들을 속이고 있었다.
하지만 주님은 속지 않으셨다.

나는 진짜다.

진짜가 될 자격이 없다는 것을 알았기 때문이다.

에필로그

2008년 6월 우리 가정은 방글라데시의 한 병원에 의료 선교사로 나가기로 되어 있었습니다. 선교사가 되기로 하고 하나둘 준비한 시간이 무려 17년이나 되었습니다. 하지만 모든 것이 생각한 대로 쉽게 되는 것은 아니었습니다. 병원을 그만 두고 선교를 준비한 기간만 2년인데, 나가기 직전에 우리가 갈 방향을 틀어 놓으셨습니다.

선교사이지만 한국에 머물러 있어야 하는 상황은 절대 유쾌하지는 않았습니다. 그동안 우리 가정을 후원해 주시고 기도해 주신 모든 분께 죄송한 마음마저 들었습니다. 하지만 한국에 머물게 하신 것도 주님의 뜻이라 여기고 감사한 마음으로 한국에 재정착하는 과정을 거치게 되었습니다.

제일 먼저 시작한 일은 한국에 미국의 통합선교연구소^{IBCD} 지부 활동을 하는 것이었습니다. 자신을 스스로 통합 선교 전도사라 자처하고 만나는 분들에게 통합 선교를 전했습니다. 한국 통합선교연구회는 2013년 가을 "동등과 존중"이라는 민간단체로 정식 출범하여 크고 작은 통합 선교 관련 사업을 진행 중입니다.

2009년 한 해 동안에는 재입사하게 된 병원 선교회의 회장을 맡게 되어, 매주 모임을 인도하면서 통합 선교를 나눌 기회가 있었습니다. 매주 회원들에게 어떻게 삶으로 복음을 드러낼 것인가에 대해서 같이 고민하면서 말씀을 나누었습니다. 또 여러 교회나 기관에서 강의 요청이 오면 언제나 통합 선교를 주제로 강의를 했습니다. 이런 자료들이 모여서 한 권의 책으로 나온 것은 여러 지체들의 섬김이 있었기에 가능한 일이었습니다.

통합 선교는 가치관과 철학에 관한 내용으로 이해하기가 어려워서 누구라도 이해할 수 있게 아주 쉽게 글을 써야겠다고 마음을 단단히 먹었지만, 쓰다 보니 다소 딱딱한 부분이 없잖아 있습니다.

이 책이 세상에 나와 나에게 무슨 명예나 부를 가져다주기를 바라는 것이 아닙니다. 다만 하나님의 자녀인 나에게 주신 특별한 은혜를 나누고, 나에게 주신 것보다 더 좋은 것으로 여러분에게 나누어 주시길 바라는 마음뿐입니다. 의사가 되고 나서 인턴시절에 탄 첫 월급 전부를 감사 헌금으로 드린 기억이 납니다. 생애 첫 번째인 이 책의 수익금은 모두 선교사역에 사용될 것입니다.

내용 중 80% 이상은 거의 한 달 만에 썼는데, 정리하고 살을 붙이는 작업에 장장 4년의 세월이 걸렸습니다. 긴 시간 정성을 다해 쓴 만큼 이 책을 읽는 모든 분께 성령께서 아주 조그마한 깨달음이라도 주셨으면 하는 바람입니다. 하나님께서 독자에게 꼭 하시고 싶은 말씀이 있으시다면 이 책을 통해서도 말씀하실 것입니다.

모든 영광을 하나님께 돌리며 이 책을 읽어 주신 모든 분께도 감사드립니다.

2011. 2. 8.에 시작하여 2014. 2. 28.에 마치다.